Aufbruch in die Zukunft

Geistesgaben in der Praxis
des Gemeindelebens

Johannes Reimer

Bibliografische Information Der Deutschen Bibliothek
Die Deutsche Bibliothek verzeichnet diese Publikation in der Deutschen Nationalbibliografie; detaillierte bibliografische Daten sind im Internet über http://dnb.ddb.de abrufbar.

Reimer, Johannes
Aufbruch in die Zukunft

© 2006 by concepcion SEIDEL OHG, 08269 Hammerbrücke
2.Auflage 2009

Gesamtherstellung:
Seidel & Seidel GbR, Satz- und Digitaldruckzentrum,
08209 Auerbach / 08269 Hammerbrücke

Best.-Nr.: 640.390
ISBN 978-3-933750-90-7

Inhalt

Vorwort	4
TEIL I: DIE GRUNDLAGEN KENNEN	7
Geistesgaben oder Gnadengaben?	8
Begabt um zu dienen	8
Gibt es heute noch alle Gaben?	9
Warum erfahren wir die Gaben des Geistes so selten?	10
Entsprechend der Gabe die Aufgabe	10
Wie können wir unsere Gaben erkennen	11
Lektion 1: Was sind Gaben des Heiligen Geistes?	13
Lektion 2: Gaben und Dienste – ein Überblick	17
Lektion 3: Wie werden die Gaben erkannt und gefördert?	21
Teil II: GABEN DER GEISTLICHEN LEITUNG	25
Lektion 4: Die Gabe des Apostels	27
Lektion 5: Die Gabe des Propheten	31
Lektion 6: Die Gabe des Evangelisten	35
Lektion 7: Die Gabe des Hirten	39
Lektion 8: Die Gabe des Lehrers	43
ZWISCHENERGEBNIS: Gaben in der Gemeinde	47
TEIL III: GABEN DES WORTES	49
Lektion 9: Die Gabe des Wortes der Weisheit	51
Lektion 10: Die Gabe des Wortes der Erkenntnis	57
Lektion 11: Die Gabe der Ermahnung	63
Lektion 12: Die Gabe des Redens göttlicher Worte (Predigt)	69
ZWISCHENERGEBNIS: Gaben in der Gemeinde	73
Teil IV: GABEN DES DIENSTES	75
Lektion 13: Die Gabe des Dienstes	77
Lektion 14: Die Gabe der Hilfeleistungen	83
Lektion 15: Die Gabe des Gebens	89
Lektion 16: Die Gabe der Barmherzigkeit	93
Lektion 17: Die Gabe der Leitung/Verwaltung	97
Lektion 18: Die Gabe der Unterscheidung der Geister	101
Lektion 19: Die Gabe des Glaubens	105
Lektion 20: Die Gabe der Dämonenaustreibung	109
Lektion 21: Die Gabe der Heilung	113
Lektion 22: Die Gabe der Gastfreundschaft	117
Lektion 23: Die Gabe der Musik	121
ZWISCHENERGEBNIS: Gaben in der Gemeinde	125
Teil V: DIE ZEICHENGABEN	127
Lektion 26: Die Gabe des Wunderwirkens	129
Lektion 27: Die Gabe des Sprachenredens	133
Lektion 28: Die Gabe der Auslegung von Sprachen	137
ZWISCHENERGEBNIS: Gaben in der Gemeinde	141
Teil VI: AUS DER PRAXIS FÜR DIE PRAXIS	143
Lektion 29: Hindernisse beseitigen	145
Lektion 30: Von der Gabe zur Aufgabe	151
Nachwort: „Mein Leben ist um so viel reicher geworden"	154
Bibliographie	155

Vorwort

Jesus starb am Kreuz von Golgatha, um Menschen von der Knechtschaft der Sünde zu befreien. Um dich und mich frei zu setzen. Wovon? Nun, jeder kennt da sein Paket. Anschaulich wissen einige von uns anlässlich evangelistischer Veranstaltungen darüber zu berichten, worin sie in ihrem früheren Leben alles geknechtet waren. Eine Horrorgeschichte folgt der anderen. Und soweit sie wirklich der Wahrheit entsprechen, sind sie hier und da tatsächlich ein anschauliches Beispiel für die befreiende Kraft Gottes.

Manchmal scheinen diese Zeugnisse mir allerdings suspekt. Zuviel und zu lange wird da die Vergangenheit bemüht. Ganz anders wird es dann, wenn wir zur Gegenwart kommen. Eigentlich würde man nach dem langen mühsamen Bericht über dieses „Wovon?" der Befreiung nun erwarten, dass jetzt ein noch viel mächtigeres „WOZU?" kommt. Befreit - ja! Und wozu? Leider werden meine Erwartungen da meist schnell enttäuscht. Wenn es erst zum eigentlichen Ziel der Befreiung in Christus kommt, da schweigen die tapferen Ritter oder geben sich mit allgemeinen frommen Floskeln zufrieden.

Das müsste aber nicht sein. Die weit verbreitete Unsicherheit über den Inhalt unseres in Christus befreiten Lebens ist von der Heiligen Schrift her nicht begründbar. Kennen wir da die Schrift zu wenig? Oder haben uns unsere theologischen Scheuklappen die Sicht auf die Wirklichkeit des wahren Lebens aus Gott genommen? Immer wieder staune ich über die Reaktion der Christen, wenn ich mit ihnen zusammen das 4. Kapitel des Epheserbriefes lese. Wir lesen es zusammen und dann stelle ich die obligatorische Frage: „Was hat Jesus Christus laut diesem Kapitel durch sein Sterben für uns getan?" Die Antwort lässt selten lange auf sich warten:
"Er hat unsere Gefangenschaft gefangen geführt."
"Und was noch?", frage ich.
Was nun normalerweise folgt ist ein langes Rätselraten. Dabei steht es klar und deutlich im Text: "Er hat den Menschen Gaben gegeben."

Christus setzte uns durch seinen stellvertretenden Tod von der Gefangenschaft der Sünde frei. Die noch eben so schwer auf uns lastende Schuld verliert durch seine Tat ihre Kraft und wir sind frei. Und wozu? Frei für ein Leben in neuen Dimensionen, ein Leben in aller Fülle, ja sogar Gottesfülle (Joh. 1,16; Eph. 3,19). Für dieses Leben hat er uns neue, bis dahin ungekannte persönliche Anlagen, Gaben gegeben (Eph. 4,8). Und um uns dieses Geschenk machen zu können, musste Er sterben. Nicht nur Erlösung findet im Kreuzestod Jesu ihren theologischen Grund, sondern auch die Erneuerung. Nicht nur Befreiung, sondern auch Begabung. Nicht nur die Auflösung des alten versklavten Lebens, sondern auch der Aufbau des Neuen!

Und das Zeichen der einsetzenden Erneuerung sind die neuen Fähigkeiten. Diese Gaben werden uns vom Heiligen Geist gegeben, daher auch die Bezeichnung Geistesgaben (1.Kor. 12,4ff). Wann bekommt der Gläubige diese Gaben? Wie werden sie vermittelt? Wie erfährt man, ob man eine Gabe bekommen hat und welche es ist? Kein anderes Thema verursacht heute in der Gemeinde größeres Rätselraten, größere Spaltung, größere Uneinigkeit als dieses. Während die einen das Thema im großen Bogen meiden, experimentieren die anderen munter drauflos. Dass dabei oft mehr Fragen als Antworten entstehen, ist eine traurige Tatsache.

Ich komme aus einer Gemeinderichtung, wo man sich eher über die Gnadengaben des Heiligen Geistes ausschweigt. Die Unkenntnis ist erschreckend. Keine 5% der Befragten in den Gemeinden wissen von ihren persönlichen Begabungen, weniger als 15% sind fähig, die Gaben des Geistes aufzulisten. Vielen sind nur die Entgleisungen in den Gemeinden der Charismatiker und Pfingstler bekannt. Und auch das nur aus dritter Hand. Die meisten identifizieren ihre geistlichen Gaben einfach mit der natürlichen Begabung. Die häufigste Antwort auf die Frage, welche Gaben man denn nun erhalten habe, heißt: „Ich kann gut singen." Man hat zuweilen den Eindruck, dass das Christentum vor allem zum Gesang berufen ist. Aber so wichtig das Singen für die Gemeinde Jesu auch sein mag, die Fülle der Geistbegabung kommt dadurch freilich nicht zum Ausdruck.

Die vorliegende Arbeitshilfe will als Orientierung im persönlichen Studium der vielfältigen Gnadengaben Gottes dienen. Sie ist in der Praxis und für die Praxis des Gemeindeaufbaus entstanden. Nicht eine theologische Auseinandersetzung zum Thema, sondern eine Hinführung zur persönlichen Erfahrung ist bewusst gewollt. Es ist mein Gebet, dass dies und nicht weniger den fleißigen Schülern des Wortes Gottes geschenkt wird.

Bill Bright, der Gründer des weltweit größten Missionswerkes *Campus für Christus*, erzählt in seiner Broschüre über den Heiligen Geist die Geschichte von Mr. Yates, einem verarmten Schafzüchter, der für den Unterhalt seiner Familie auf die Unterstützung des Staates angewiesen war[1]. Seine Farm warf halt nicht so viel ab. Das Land war zu karg und Geld zu einem Ortswechsel hatte der Mann nicht. Dann kamen eines Tages Geologen in die Gegend und teilten dem armen Farmer mit, dass sich unter seinem Land möglicherweise Öl befinde. Der Farmer gab die Erlaubnis zu einer Probebohrung, unterschrieb einen Vertrag mit der Ölgesellschaft und das Unmögliche wurde wahr: Man fand Öl und sogar sehr viel. Bald förderte man bis zu 80.000 Tonnen Öl pro Tag. Mr. Yates, der bis dahin nicht wusste, wie er seine Familie durch einen einzigen Tag bringen sollte, wurde über Nacht zum Millionär. Eigentlich war er es immer schon gewesen. Und trotzdem lebte er in bitterer Armut. Warum? Weil er es nicht wusste.

Geht es da vielen Christen nicht sehr ähnlich? Warum sind wir dem Leben aus Gott entfremdet? „Weil wir nicht wissen ...", antwortet der Apostel Paulus (Eph. 4,17f). Das Studium der Schrift mit dem Ziel, den Reichtum der Gnade Gottes zu entdecken, sollte diese Lage ändern. Von Herzen wünsche ich jedem Teilnehmer Gottes reichen Segen auf einer Reise zur Quelle des unbeschreiblichen Reichtums Gottes.

---

1 In Yohn 1978:118.

TEIL I: DIE GRUNDLAGEN KENNEN

GEISTESGABEN oder GNADENGABEN?

Was sind Gaben des Geistes? Sind es Fähigkeiten, die Gott in jeden Menschen am Tage seiner Erschaffung hineingelegt hat? Sind es natürliche Gaben, die vom Heiligen Geist am Tage der Wiedergeburt geheiligt werden? Gibt es einen Unterschied zwischen den „natürlichen" und „übernatürlichen" Gaben? Und wie kann ein solcher Unterschied biblisch bewiesen werden? Was sind Neigungen und Stärken im Unterschied zu Talenten? Darf man eine solche Unterscheidung überhaupt machen?[2] Solche und ähnliche Fragen müssen ernst genommen werden, denn schließlich ist Gott ja der Schöpfer allen Lebens, sowohl des natürlichen als auch des übernatürlichen. Es kann daher nur richtig sein, dass alles, was „die Gemeinde für ihren Dienst nötig hat, von Gott kommt und darum Gnadengabe ist."[3]

Aber ist es deshalb schon eine Gnadengabe im Sinne der Geistesgaben? Auch wenn sich natürliche und übernatürliche Gaben ähneln und auch wenn beide von Gott, unserem Schöpfer stammen, so scheint es mir schwierig, hier eine Gleichsetzung vorzunehmen. Geistbegabungen im Neuen Testament waren konkrete Phänomene und Erfahrungen des Heiligen Geistes, „ein Einbruch von etwas Außergewöhnlichem in die irdische Welt".[4]

Gnadengaben als Geistesgaben werden in der Heiligen Schrift im Zusammenhang mit der Geistbegabung und Berufung von Menschen in den Dienst erwähnt. Die Geist-Begabung ist zum einen eine Begleiterscheinung der Wiedergeburt (1.Kor. 12,13; Tit. 3,5; Joh. 3,5). Das bedeutet vor allem, dass jeder Mensch, der sein Leben Christus Jesus ausgeliefert hat und von IHM zu neuem Leben wiedergeboren wurde (Tit. 3,5 u.a.), auch mindestens eine Gabe des Geistes bekommen hat (1.Kor. 12,7-11). Natürlich bedeutet das nicht, dass der Betroffene über keinerlei „natürliche" Begabungen, Neigungen und Stärken verfügt. Auch spricht die Schrift nicht davon, dass hier einige der „natürlichen" Begabungen besonders „charismatisiert" werden. Wichtig ist, dass jeder Christ, der wiedergeboren ist, zugleich über eine Gnadengabe verfügt. Ist jemand in Christus neu geworden, so ist er auch vom Geist Gottes begabt worden.

Die Gaben werden uns entsprechend der jedem von Christus zugewiesenen Gnade zugeteilt (Eph. 4,7; Röm. 12,6; 1.Kor. 12, 7-11). Deshalb werden die Gaben des Geistes auch *Gnadengaben*, griechisch *Charismata,* genannt. Die Zuteilung findet nach „dem Maß der Gabe Christi" statt (Eph.4,7). Christus teilt die Gaben zu, wie ER will!

Zum anderen werden besondere Gnadengaben zum besonderen Dienst im Zusammenhang mit der Berufung verliehen. Im Falle von Timotheus geschah die besondere Begabung durch die Handauflegung des Apostels (1.Tim. 4,14; 2.Tim. 1,6).

---

2 Mit einer solchen Unterscheidung arbeitet das in Deutschland weit verbreitete Konzept der berühmten amerikanischen Willow Creek Gemeinde D.I.E.N.S.T. Siehe: Bugbee 1994.
3 Gerhard Hörster, „Gnadengaben im Neuen Testament", in Vom Geist beschenkt, hrsg. von Klaus Haacker, Gerhard Hörster, Witten 1983, S. 37.
4 Herman Gunkel, Die Wirkungen des Heiligen Geistes nach der populären Anschauung der apostolischen Zeit und nach der Lehre des Paulus, Göttingen 1888; zit. nach Klaus Haacker, „Charisma und Amt. Vorgaben für die aktuelle Situation", ", in Vom Geist beschenkt, hrsg. von Klaus Haacker, Gerhard Hörster, Witten 1983, S. 12.

BEGABT UM ZU DIENEN

Die Gnadengaben stehen im Neuen Testament immer im Zusammenhang mit dem Aufbau des Leibes Christi (Röm. 12,1ff), der Gemeinde der Erlösten. Sie sind zum „allgemeinen Nutzen" (1.Kor. 12,7) gegeben. Nicht die Gabe an sich, sondern der Dienst steht im Vordergrund. Gerhard Hörster hat daher recht, wenn er schreibt: „Nicht die Gnadengabe an sich ist erstrebenswert, sondern der Dienst, der mit ihrer Hilfe in der Gemeinde getan werden kann."[5] Gnadengaben sind also Dienstgaben. Dabei macht das Neue Testament nur eine Ausnahme, nämlich bei der Gabe des Zungengebets, die vor allem zum Aufbau des Gabenträgers selbst dient (1.Kor. 12,4).

Welche Gnaden-Gaben gibt es? Eine eindeutige Antwort auf diese Frage scheint das Neue Testament nicht zu geben. Zum einen unterscheiden sich die wichtigsten Gabenlisten in Röm. 12; 1.Kor. 12;

---

5 Gerhard Hörster, aaO, S. 38.

Eph. 4 und 1.Petr. 4 erheblich von einander. Die Listen sind nicht nur verschieden, sondern auch unvollständig, denn keine von ihnen erwähnt alle im Neuen Testament geführten Gaben des Geistes. Zum anderen werden bestimmte Gaben mit Diensten (so Lehre mit Lehrer, Prophetie mit Prophet, etc.) identifiziert, andere aber nicht. An anderer Stelle werden Dienste beschrieben, die so keiner der beschriebenen Gaben zugeordnet werden können (siehe Evangelist in Eph. 4,11). Ich gehe davon aus, dass alle geistgewirkten Gaben mit den entsprechenden Diensten korrespondieren. Daher werden weiter unten auch die Begabungen besprochen, die nicht direkt als Gabe, sondern vielmehr als Dienst beschrieben werden. Aus dem gleichen Grund wird auch Eph. 4,11 als Gabenliste geführt, was im Zusammenhang der Gnadengabendiskussion in Kapitel 4 nur gerechtfertigt erscheint.

Konkret werden im Neuen Testament folgende Gaben genannt:

> 1. Prophetische Rede, 2. Dienst, 3. Lehre, 4. Ermahnung, 5. Geben, 6. Leitung, 7. Barmherzigkeit, 8. Weisheit, 9. Erkenntnis, 10. Glaube, 11. Heilung, 12. Wunderwirkung, 13. Unterscheidung der Geister, 14. Zungenrede, 15. Auslegung von Sprachen, 16. Apostel, 17. Helfer, 18. Evangelisten, 19. Hirten, 20. Predigt, 21. Gebet, 22. Dämonenaustreibung.

In den meisten Gaben-Auflistungen werden auch noch genannt:[6]

> 23. Ehelosigkeit/Ehe, 24. Gastfreundschaft, 25. Leiden, 26. Missionar, 27. Musik.

Eine deutliche Identifizierung dieser Fähigkeiten als Gaben des Geistes ist schwierig. In unserem Text beziehe ich mich NUR auf die Gaben der Gastfreundschaft und der Musik zusätzlich zu den eindeutig identifizierten Gaben des Geistes.

Ich persönlich bin der Meinung, dass man hiermit bei weitem nicht alle möglichen Geistes- oder Gnadengaben beschrieben hat. Andere, bei uns oft als natürliche Begabung geführten Gaben, werden in der Schrift zuweilen auch dem direkten Wirken Gottes zugeschrieben. Als Beispiel kann hier die künstlerische Begabung der Erbauer der Bundeslade durch Gott gesehen werden (2.Mose 31,1-11). Die Gabe des Geistes unterscheidet sich jedoch von der natürlichen Gabe gerade dadurch, dass sie ihre Entstehung Gottes segnendem Eingriff verdankt.

---
[6] So Schwarz 1991, Wagner 1987.

Gibt es heute noch alle Gaben?

Spätestens seit der Einführung der sogenannten Dispensationslehre[7] ist in der Kirche der Streit um die Geistesgaben voll entbrannt. Ein Teil der Christen glaubt, dass besonders die sogenannten spektakulären Gaben, wie Sprachenrede und Auslegung der Sprachen, Prophetie und Wundertaten heute nicht mehr vorhanden sind. Man gründet sich dabei vor allem auf die oben erwähnte Theorie der bestimmten Zeitalter. Was ist damit gemeint? Gibt es hierfür auch einen biblischen Beleg? Ja, sagen die Vertreter der Dispensationslehre und verweisen auf 1.Kor.13, 8-13. Hier heißt es:

> Die Liebe hört niemals auf, wo doch das prophetische Reden aufhören wird und das Zungenreden aufhören wird und die Erkenntnis aufhören wird. Denn unser Wissen ist Stückwerk und unser prophetisches Reden ist Stückwerk. Wenn aber kommen wird das Vollkommene, dann wird das Stückwerk aufhören. Als ich ein Kind war, da redete ich wie ein Kind und dachte wie ein Kind und war klug wie ein Kind, als ich aber ein Mann wurde, tat ich ab was kindlich war. Wir sehen jetzt durch einen Spiegel ein dunkles Bild; dann aber von Angesicht zu Angesicht; jetzt erkenne ich stückweise, dann aber werde ich erkennen, wie ich erkannt bin.

Prophetisches Reden, Zungenrede und Erkenntnis werden aufhören, sobald das Vollkommene kommt. Die Dispensationalisten glauben im Vollkommenen die Heilige Schrift verstehen zu können. Da das Neue Testament in seinem Kanon im 4. Jahrhundert endgültig anerkannt wurde, so ist mit der Schrift das Vollkommene in die Gemeinde gekommen. Eine durch Prophetie, Zungenrede oder Erkenntnis zu vermittelnde Offenbarung ist obsolet geworden.

---
[7] Lehre von den Zeitaltern. Danach ist die Heilsgeschichte Gottes in Anlehnung an die Sendschreiben in Off. 2-3 in feste Zeitperioden einzuteilen. Entsprechend versucht man auch die biblischen Texte auf dem Hintergrund dieser Dispensationen auszulegen.

Die Frage ist also, ob eine solche Auslegung erlaubt ist. Ich glaube nein! Warum?

1. Das Verständnis von Prophetie, Zungenrede und Erkenntnis als Gaben der Offenbarungsvermittlung ist grundsätzlich zu hinterfragen. Ein Prophet hat zwar immer ein Wort für den Augenblick, jedoch muss das noch lange nicht eine neue Offenbarung Gottes sein. Vielmehr kann sie sich direkt oder indirekt auf das Wort Gottes beziehen - siehe die Propheten des AT. Nirgendwo haben die Propheten des NT „neue Offenbarungen" gebracht. Die Lehre des NT ist ausdrücklich eine Lehre der Apostel und nicht der Propheten (Gal.2,20). Ähnliches kann auch über die Gaben des Zungenredens und der Erkenntnis gesagt werden. Übrigens: wie soll man dann Leuten glauben, die behaupten, die Gabe der Erkenntnis habe aufgehört zu existieren?

2. Die Exegese des Textes besagt, dass es hierbei nicht um ein Ereignis auf der Erde geht, sondern um die Begegnung mit Gott „von Angesicht zu Angesicht" (v.12). Das Stückwerk hört erst bei dieser Begegnung auf. Eine solche Begegnung ist aber dem Gläubigen auf der Erde nicht zugesagt. Diese wird erst bei der Wiederkunft des Herrn Jesus Christus stattfinden![8]

Fazit: Die Lehre vom Verschwinden bestimmter Geistesgaben hat keinen biblischen Grund. Sie ist das Ergebnis eines menschlichen Auslegungssystems und eine Reaktion auf die unbiblischen Ausschweifungen im Pfingstlertum, wie es sich seit Anfang des 20. Jahrhunderts überall auf der Welt verbreitet hat.

WARUM ERFAHREN WIR DIE GABEN DES GEISTES SO SELTEN?

Die Entgleisungen im Pfingstlertum und in der heutigen charismatischen Bewegung haben in weiten Kreisen der Evangelikalen den Eindruck entstehen lassen, dass Menschen, die viel vom Geist und seinen Gaben reden, in der Gefahr stehen, dem Geist der Schwärmerei zu verfallen. Und natürlich will man das nicht. Berechtigterweise hat man Angst vor einer solchen Entgleisung. Und diese Angst ist es auch, die eine positive Theologie der Gaben des Geistes, ja sogar des Heiligen Geistes an sich, nur selten zulässt. So ist die Rede vom Heiligen Geist zu einem „undeutlichen Wort" geworden.[9] Ja noch mehr, zu einem angstbesetzten Wort. Der deutsche Theologe Wolfgang Trillhaas stellt mit Recht in seiner Dogmatik fest: „Die Angst vor einer missbräuchlichen Berufung auf den Heiligen Geist ist zu einer dogmatischen Angst vor dem Heiligen Geist geworden."[10] Angst aber ist ein schlechter und oft ein falscher Berater. Wo Angst regiert, wird der Geist Gottes nicht wirken können.

---

[8] Siehe dazu: Heinz-Dietrich Wendland, Die Briefe an die Korinther, NTD Band 3, Göttingen 1976, S. 122ff; W. de Boor, Der erste Brief an die Korinther, Wuppertal 1973, S.224-228; Heiko Krimmer, Erster Korinther-Brief, Neuhausen - Stuttgart 1985, S. 296-300, u.a.
[9] Otto Rodenberg, „Heiliger Geist – ein undeutliches Wort", in Theologische Beiträge 2, 1971, S. 154-174.
[10] Wolfgang Trillhaas, Dogmatik, 3. Aufl. Berlin 1972, S. 408.

ENTSPRECHEND DER GABE DIE AUFGABE

Die Gnadengaben bestimmen die Art und Weise meines Dienstes als Glied am Leib Christi in der Gemeinde. Alle Gnadengabenlisten im Neuen Testament gehen von der Identifikation der Gabe mit dem entsprechenden Dienst aus. In 1.Kor. 12,4-6 wird dieses Prinzip folgendermaßen formuliert:

Es sind verschiedene Gaben, aber es ist ein Geist.

Es sind verschiedene Dienste, aber es ist ein Herr.

Und es sind verschiedene Kraftwirkungen, aber es ist ein Gott, der da wirkt alles in allen.

Das Wirken des dreieinigen Gottes wird hier wie folgt festgelegt:

1. Der Geist gibt die Gaben (am Tage meiner Wiedergeburt und danach),
2. Der Herr bestimmt die Aufgaben, entsprechend der Gaben (im Prozess der Zurüstung in der Gemeinde durch die Leiter),
3. Und Gott, der Vater, bewirkt die daraus resultierende Energie, Kraftwirkung entsprechend der praktisch eingesetzten Gabe (im Dienst).

Das Wort Kraftwirkung kann hier theologisch sicherlich auch die Frucht meinen. Der griechische Text macht die Abhängigkeit des einen vom anderen deutlich: Die Aufgabe wird entsprechend der Gabe zugewiesen und so die Kraftwirkung möglich gemacht. Mit anderen Worten ausgedrückt, kann man daher auch sagen: Ohne Gabe keine Aufgabe und entsprechend auch keine Kraftwirkung.

Bedeutet das, dass ein Christ, der seine Gaben nicht kennt und somit seine Aufgaben nicht wahrnehmen kann, ein kraftloses, fruchtloses und am Ende sinnloses Dasein fristet? Genau so ist es! Anschaulich zeigt uns Jesus am Beispiel der drei Knechte, die ihre Talente und die damit verbundenen Aufgaben vom abreisenden Herrn erhielten, wie fatal die Folgen des Missachtens des Talents sind (Mt.25). Der eine Knecht, der sein Leben auf die Theologie der Bewahrung baute und das erhaltene Talent vergrub, verlor am Ende nicht nur den Besitz, sondern auch noch das Leben. Seine Worte verraten, wie mühsam und ängstlich sein Leben gewesen ist. Die anderen setzten die Talente ein, riskierten Fehler zu machen und ziehen nun fröhlich in die Herrlichkeit des Vaters. Der Zögerer dagegen landete in der äußersten Finsternis.

Unser christliches Leben macht nur Sinn, wenn wir in der Sendung des Christus leben, und diese Sendung hat in der Praxis unmittelbar mit dem Talent zu tun, das ER, unser Herr, uns am Tage der Wiedergeburt gab.

WIE KÖNNEN WIR UNSERE GABEN ERKENNEN?

Nun habe ich mich bekehrt. Gott hat mir unbeschreiblichen Frieden in mein Herz gegeben. Ich bin froh und frei. Wie kann/soll ich nun meine persönliche Begabung und damit auch meine Beauftragung feststellen? Kann ich dafür überhaupt etwas tun, oder ist alles allein von Gott abhängig, und eines Tages wird auch meine Begabung offenbar? Sollte ich mir gar von besonders bevollmächtigten Evangelisten oder Aposteln die Hände auflegen lassen, wie es auch hier und da Praxis ist? Kurzum, wie finde ich heraus, was meine persönliche Gabe und die damit verbundene Aufgabe ist?

Das vorliegende Arbeitsbuch will im Prozess der Gabenfindung helfen.[11] Es ist als Vorlage für ein Studium in der Gruppe konzipiert. Dabei ist es wichtig, dass jeder Abschnitt von den Teilnehmern im Vorfeld zu Hause durchgearbeitet wird. In der Gruppe findet ein Nachgespräch statt. Der Inhalt des Abschnittes wird diskutiert und immer wieder auf das eigene und das Leben der anderen Gruppenteilnehmer bezogen. Ganz wichtig sind in diesem Zusammenhang auch die Zwischenergebnisgespräche, die jeweils nach einer Gruppe von Gaben zwischengeschaltet sind.

Ziel des Studiums ist die Gabenfindung und nicht eine bloße Informationsansammlung. Obwohl die Kenntnis der biblischen Lehre zu den Gaben des Geistes von großer Bedeutung ist, wird diese Kenntnis nicht automatisch zur gelebten Erkenntnis. Erst wenn ich mich bewusst auch persönlich in das Studium der Schrift hineinbegebe, und zwar mit einem zum Gehorsam bereiten Herzen, wird das Wort zum persönlichen Reden Gottes. Erst wenn ich die Wahrheit des göttlichen Wortes zur unbedingten Grundlage meines eigenen Lebens mache, beginnt der Geist Gottes, mich in diese „alle Wahrheit" einzuführen.

---

11 Weitere hilfreiche Arbeitshilfen sind: Christian A. Schwarz, Der Gaben-Test. 5., bearbeitete und erweiterte Auflage. C&P Verlag: Mainz-Kastel 1991; Gerhard Hörster, „Gnadengaben im Neuen Testament", ", in Vom Geist beschenkt, hrsg. von Klaus Haacker, Gerhard Hörster, Witten 1983, S. 32-53; Rick Yohn, Gemeinde lebt von Gottes Gaben. Wie wir unsere Geistesgaben entdecken und in der Gemeinde einsetzen können Wuppertal 1978.

Lektion 1

WAS SIND GABEN DES HEILIGEN GEISTES?

In dieser Lektion werden die eben formulierten Ausführungen noch einmal persönlich aufgearbeitet. Lass dich daher nicht durch die Wiederholungen stören. Es ist wichtig, dass die grundsätzlichen Fragen geklärt sind, bevor man an die Erarbeitung einzelner Gaben geht.

A Was lehrt man in deiner Gemeinde über die Gaben des Heiligen Geistes? Formuliere in einem Satz, was nach der Vorstellung deiner Gemeinde unter Geistesgaben verstanden werden muss?

B Welche Gaben werden in deiner Gemeinde praktiziert und von wem? Nenne so viele du kannst.

1.1. Persönliche Besinnung

C Welche Bibelstellen werden in deiner Gemeinde in Verbindung mit den Gaben des Geistes genannt? Nenne mindestens vier.

1.
2.
3.
4.

D Wie unterscheidet man in deiner Gemeinde zwischen natürlichen und geistlichen Gaben? Bitte ergänze folgende Sätze:

Die natürlichen Gaben eines Christen sind:

....
....
....
....

Die Gnadengaben eines Christen sind:

....
....
....
....

E Wie werden in deiner Gemeinde Mitarbeiter zum Dienst berufen? In wieweit spielen Gaben dabei eine Rolle? Nenne 2 Beispiele.

F Welche Gabe/Gaben des Heiligen Geistes hast du erhalten?

G Was macht dich so sicher, dass das stimmt?

H Welche natürliche Begabung hast du?

1.2. Blick in die Bibel

Was meinen wir, wenn wir über Gaben des Heiligen Geistes reden? Sind es natürliche Begabungen, wie sie jeder Mensch hat, die nun vom Heiligen Geist geheiligt und gesegnet werden? Oder sind es besondere Gaben, die ein Mensch so vor seiner Begegnung mit Gott nicht hat? Was sagt die Heilige Schrift dazu? Folgende Thesen sollen dir bei der Erhellung dieser Fragen helfen:

1. Jesus starb am Kreuz von Golgatha, um Menschen Gaben zu geben (Eph. 4,8);

2. Die Gaben werden vom Heiligen Geist gegeben, daher auch die Bezeichnung Geistesgaben (1.Kor.12,4ff);

3. Die Geistbegabung ist eine Begleiterscheinung der Geistestaufe, sprich Wiedergeburt (1.Kor.12,13). Das bedeutet vor allem, dass jeder Mensch, der sein Leben Christus Jesus ausgeliefert hat und von IHM zum neuen Leben wiedergeboren wurde (Tit.3,5 u.a.) auch mindestens eine Gabe des Geistes bekommen hat (1.Kor.12,7-11; 1.Petr.4,10);

4. Die Gaben werden entsprechend der jedem von Christus zugewiesenen Gnade zugeteilt (Eph. 4,7; Röm.12,6; 1.Kor. 12, 7-11). Deshalb werden die Gaben des Geistes auch Gnadengaben, griechisch Charismata genannt. Die Zuteilung findet nach „dem Maß der Gabe Christi" statt (Eph.4,7). Christus teilt die Gaben zu, wie ER will;

5. Die Gnadengaben stehen im NT immer im Zusammenhang mit dem Aufbau des Leibes Christi (Röm.12,1ff; 1.Kor.12,4ff; Eph. 4,7ff);

6. Die Gnadengaben sind zum „allgemeinen Nutzen" (1.Kor.12,7) gegeben. Sie sind demnach Dienstgaben. Dabei macht das NT nur eine Ausnahme, nämlich bei der Gabe des Sprachengebets, das vor allem zum Aufbau des Gabenträgers selbst dient (1.Kor.14,4);

7. Die Gnadengaben bestimmen die Art und Weise des Dienstes des Gliedes am Leib Christi. Alle Gnadengabenlisten im NT gehen von der Identifikation der Gabe mit dem entsprechenden Dienst aus. In 1.Kor. 12,4-6 wird dieses Prinzip folgendermaßen formuliert:

> **„Es sind verschiedene Gaben, aber es ist ein Geist.**
> **Es sind verschiedene Dienste, aber es ist ein Herr.**
> **Und es sind verschiedene Kraftwirkungen,**
> **aber es ist ein Gott, der da wirkt alles in allen."**

Das Wirken des dreieinigen Gottes wird hier wie folgt festgelegt:

- Der Geist gibt die Gaben,
- Der Herr bestimmt die Aufgaben entsprechend der Gaben,
- Und Gott, der Vater, bewirkt die daraus resultierende Energie, Kraftwirkung entsprechend der praktisch eingesetzten Gabe.

Das Wort Kraftwirkung kann hier theologisch sicherlich auch die Frucht meinen.

Fazit: Was sind Gaben des Geistes?

Geistesgaben sind Fähigkeiten, die jedem Glied am Leibe Christi in der persönlichen Wiedergeburt/Geistestaufe vom Heiligen Geist gegeben worden sind.

Sie sollen zum Nutzen der ganzen Gemeinde und zur Erfüllung ihres Auftrags dienen. Sie bestimmen die Art des Dienstes, den Christus einem jeden Glied an seinem Leib zuweist. Ohne praktizierter Gabe des Geistes kann es keine Frucht des Geistes geben.

Kannst du dich auf Grund dieser und weiterer Bibelstellen mit meiner Definition einverstanden erklären? Wenn nicht, formuliere deine eigene Definition.

1.3. Schritte in die Praxis

1.4. Gruppengespräch

A Was verstehen wir unter Geistesgaben?

B Warum und wozu gibt es Geistesgaben?

C Was beeinflusst unsere Vorstellung von den Gaben?

D Was sagt die Heilige Schrift über Bedeutung und Sinn der Geistesgaben?

Lektion 2

GABEN UND DIENSTE - EIN ÜBERBLICK

A Welche Gaben des Geistes kennst du? Bitte schreibe aus dem Gedächtnis die dir bekannten Gaben auf.

B Wo im NT werden diese Gaben erwähnt? Ordne jeder Gabe mindestens eine Bibelstelle zu. Du kannst hierbei auch eine Konkordanz benutzen.

2.1. Persönliche Besinnung

C Ordne die Gaben entsprechenden Aufgaben in der Gemeinde zu. Trage alle Gaben, die sich nicht konkret einordnen lassen, in eine gesonderte Liste ein. Du kannst eine Gabe auch mehreren Diensten zuordnen.

Gabe	Dienst in der Gemeinde	Weiß nicht einzuordnen
1.		
2.		
3.		
4.		
5.		

2.2. Blick in die Bibel

Im NT finden wir Gabenlisten in Röm. 12, 1.Kor. 12, Eph. 4 und 1.Petr. 4 vor. Es fällt bereits dem flüchtigen Leser des NT auf, dass die wichtigsten Gabenlisten sich erheblich unterscheiden. Die Listen sind nicht nur verschieden, sondern auch unvollständig, denn keine von ihnen erwähnt alle im NT geführten Gaben des Geistes.

Die Auflistung in Röm.12,4-8 erwähnt:
1. Prophetische Rede,
2. Dienst,
3. Lehre,
4. Ermahnung,
5. Geben,
6. Leitung,
7. Barmherzigkeit.

Dazu werden in 1.Kor.12 aufgeführt:
8. Weisheit,
9. Erkenntnis,
10. Glaube,
11. Heilung,
12. Wunderwirkung, Prophetische Rede,
13. Unterscheidung der Geister,
14. Zungenrede,
15. Auslegung von Sprachen,
16. Apostel, Lehrer,
17. Helfer, Leitung

Und in Eph.4,7ff kommen vor:
Apostel, Propheten,
18. Evangelisten,
19. Hirten, Lehrer.

Und in 1.Petr.4,10-11:
20. Predigt, Dienst,

Eine Reihe weiterer Gaben, die von der Schrift eindeutig als Geistesgabe oder Gabe von Gott identifiziert werden, fehlen in diesen Listen, so:

21. Gebet (Lk.11,1-13; 1.Tim.2,1-4; Jak.5,16-18),
22. Dämonenaustreibung (Mt.10,1; Lk.10,17-20),
23. Gastfreundschaft (Röm.12,9-13; 1.Petr.9-10),
24. Musik (1.Kor.14,26; Eph.5,18-20; Kol.3,15-17).

Ich persönlich bin der Meinung, dass man hiermit bei weitem nicht alle möglichen Geistes- oder Gnadengaben beschrieben hat. Andere, bei uns oft als natürliche Begabung geführten Gaben, werden in der Schrift zuweilen auch dem direkten Wirken Gottes zugeschrieben. Als Beispiel kann hier die künstlerische Begabung der Erbauer der Bundeslade durch Gott gesehen werden (2.Mose 31,1-11).

Die Gabe des Geistes unterscheidet sich jedoch von der natürlichen Gabe gerade dadurch, dass sie ihre Entstehung Gottes segnendem Eingriff verdankt.

Welche Dienste können den Gaben zugeordnet werden? Alle in der Schrift aufgeführten Gaben lassen sich in vier Bereiche einordnen:

1. **Leitungsgaben**: Apostel, Propheten, Evangelisten, Hirten und Lehrer.
Die wichtigste Aufgabe: Zurüstung der Kinder Gottes zum Dienst (Eph.4,11).

2. **Wortgaben**: Predigt, Prophetie, Lehre, Ermahnung, Weisheit, Erkenntnis.
Die wichtigste Aufgabe: Gottes Wort erklären und in die Praxis umsetzen helfen.

3. **Dienstgaben**: Dienst, Helfen, Leitung, Verwaltung, Geben, Barmherzigkeit, Geisterunterscheidung, Glaube, Musik, Dämonenaustreibung, Gebet, Heilung und Gastfreundschaft.
Die wichtigste Aufgabe: Gottes Werke tun, die er zuvor für uns bereitet hat (Eph.2,10).

4. **Zeichengaben**: Sprachenrede, Auslegung von Sprachen, Wundertaten.
Die wichtigste Aufgabe: Gottes Autorität deutlich machen.

2.3. Gruppengespräch

A Welche Gaben des Geistes sind uns neu aufgefallen?

B Warum wird über diese Gaben bei uns geschwiegen?

C Wie lassen sich die Dienstbereiche in unseren Kreisen einteilen? Entspricht diese Einteilung der oben vorgeschlagenen Klassifizierung der Gaben? Wenn nicht, warum?

D Wie würden wir unseren eigenen Dienst in der Gemeinde gabentechnisch beurteilen?

E Welche Konsequenzen können/sollen gezogen werden?

Lektion 3

WIE WERDEN DIE GABEN ERKANNT UND GEFÖRDERT?

3.1. Persönliche Besinnung

A Kennst du einen Menschen, der seine Gabe/Gaben des Geistes kennt und diese auch praktiziert? Führe ein Interview mit diesem Christen und finde dabei heraus, wie und wann hat er/sie ihre/seine Gabe/Gaben erhalten. Schreibe die Antwort auf.

B Kennst du selbst deine Gabe? Wie und wann hast du sie erhalten?

C Sind dir Texte aus der Heiligen Schrift bekannt, die von der Gabenvermittlung sprechen? Nenne mindestens drei.
Wie ist hier die Gabe des Geistes weitergegeben worden?

1.

2.

3.

3.2. Blick in die Bibel

Paulus schreibt, dass die Aufgabe der geistlichen Zurüstung der Gläubigen zum Dienst der besonders eingesetzten Gabenträger in der Gemeinde gehört: der Apostel, Propheten, Evangelisten, Hirten, und Lehrer (Eph. 4,11-14). Sie sind offensichtlich dafür zuständig, dem Gläubigen auf dem Weg des Erkennens und der Förderung der Gaben zu helfen. In der ersten Gemeinde in Jerusalem (Apg. 2,42ff) verharrten die Neubekehrten in der Lehre der Apostel und auch später kann der Apostel Paulus davon berichten, wie er sich Tag und Nacht wie eine Mutter um die jungen Gläubigen in Thessaoniki gekümmert hat (1.Thess. 2,7f).

Wir, die neu zum Glauben gefundenen Christen, werden somit aufgerufen, uns in diese geistliche Schule Gottes zu begeben und uns der Autorität dieser geistlichen Leiter zu stellen. In der Praxis kann das bedeuten, dass man sich einem Jüngerschaftskreis anschließt, in dem man unter Anleitung die Bibel studiert und sich mit den einzelnen Gaben und Aufgaben des Leibes Christi bekannt macht. Die neu gewonnenen Erkenntnisse werden nun auf das eigene Leben angewandt. Zusammen mit den anderen Teilnehmern der Gruppe und vor allem mit dem geistlichen Leiter wird gefragt, wo sich bestimmte Begabungen äußern. Hat man einen gewissen Eindruck gewonnen, wird dieser im Gebet vor Gott so lange erwogen, bis Klarheit herrscht.

Ganz praktisch sehen diese Schritte wie folgt aus:

- Wir öffnen uns Gott im Gebet und erklären uns vor Gott bereit, seine Gnade nicht zu missachten und sie gehorsam zu befolgen.

- Wir machen uns sachkundig und befragen die Heilige Schrift im Bezug auf Wesen, Art und Weise, Zielbestimmung und praktische Erfahrung in Verbindung mit jeder in der Schrift erwähnten Gabe des Geistes.

- Wir beziehen das angeeignete Wissen auf uns und unser Leben, sowie auf die Brüder und Schwestern in Christus, die mit uns zusammen im Jüngerschaftskreis sind. Das Ziel der Übung besteht darin, ähnliche Geistesäußerungen bezogen auf uns oder den anderen festzustellen.

- Wir besprechen mit den Teilnehmern des Jüngerschaftskreises und vor allem mit unseren geistlichen Mentoren unsere Beobachtungen und gehen damit ins Gebet.

- Erst nachdem unsere Beobachtungen auch von anderen bestätigt werden, beginnen wir, die latent vorhandene Gabe einzusetzen.

- Jetzt beobachten wir die Wirkung, die von unserer Tätigkeit ausgeht. Geschieht das, was die Heilige Schrift mit der Gabe verbindet? Erfahren wir bei der Ausübung der Gabe inneren Frieden oder eher Unruhe? Was sagen unsere Mitmenschen?

- Sollte sich unsere Gabe tatsächlich in der Praxis bestätigen, dann wäre es gut, wenn die Gemeinde davon in Kenntnis gesetzt wird und man uns im Rahmen der Gemeinde für die Ausübung der Gabe segnet.

- Wichtig ist auch festzustellen, dass die Findung der Gabe noch nicht bedeutet, dass der Gabenträger sofort weiß, wie man die Gabe sachkundig gebraucht. Jetzt muss ein Prozess des Wachstums beginnen.

Natürlich können sich bestimmte Gaben auch ganz offensichtlich zeigen. Das ist besonders im Bereich der eher spektakulären Gaben wie Sprachengaben der Fall. Aber auch hier muss geistlich geprüft werden, ob es sich tatsächlich um eine Gabe des Geistes handelt.

3.3. Gruppengespräch

A Was stört uns daran, nach den Geistesgaben zu streben?

B Welche praktischen Schritte sollten wir als Gruppe gehen, damit jeder seine Gaben entdecken und einsetzen kann?

C Was würden wir tun, wenn Gott uns unsere Gaben offenbart?

D Wie können wir über unsere Beobachtungen in der Gruppe reden, ohne einander zu verletzen und/oder auszuschließen?

E Wer könnte in der Gruppe mein Partner, wer Mentor sein?

Teil II: Gaben der geistlichen Leitung

Zu den Gaben der geistlichen Leitung gehören die folgenden Fähigkeiten: Apostel, Propheten, Evangelisten, Hirten und Lehrer. Die wichtigste Aufgabe, die von der Heiligen Schrift mit diesen Gaben verbunden wird, ist die Zurüstung der Kinder Gottes zum Dienst (Eph.4,11). Im Folgenden werden diese Gaben vorgestellt.

Lektion 4

DIE GABE DES APOSTELS

A Was weiß ich über die Gabe des Apostels?

B Welche Apostel kenne ich und was haben diese Apostel getan?

C Wie würde ich die Gabe des Apostels definieren?

D Kann es heute noch Apostel geben?
Bitte begründe deine Antwort:

4.1. Persönliche Besinnung

4.2. Einblick

Jim wurde uns, Studenten des Theologischen Seminars in Fresno, Kalifornien, als ein Mann der Gemeindegründung vorgestellt. 14 Gemeinden habe er allein in diesem Staat der USA ins Leben gerufen und zur Reife geführt. Unser Professor lobte ihn für seinen unermüdlichen Einsatz und Erfolg. Jim selbst schwieg eher. Überhaupt sprach nichts an diesem Mann über einen jener Erfolgstypen, die Amerika so gerne in ihren Illustrierten abbildet. Er war eher normal, bescheiden, ja sogar schüchtern. Auch sein Vortrag über Gemeindegründung glänzte nicht durch gut durchdachte Konzepte. Und doch war etwas unausgesprochen Besonderes an diesem Mann. Seine einfache Art zog mich fast magisch an, und wäre ich nicht bereits in einer Gemeinde angebunden gewesen, ich hätte mich gerne von ihm mitreißen lassen, an einer seiner vielen Gemeindegründungen teilzunehmen. Meinen Mitstudenten schien es nicht viel anders zu gehen und es brauchte keinerlei Anstrengung, uns zu überzeugen, am nächsten Sonntag eine von Jim's Gemeindegründungen zu besuchen.

Auch hier lief alles eher normal ab. Jim führte weder das Wort noch leitete er den Gottesdienst, und doch schien alles sich an ihm zu orientieren. Liebevoll nannte ihn eine ältere Dame „unseren Gemeindevater". Dabei hätte sie eher Jims Mutter sein können. Im Gottesdienst ergriff Jim nur das Wort, als er vor der Gebetsgemeinschaft die Gemeinde ermunterte, für die Missionare in Mexiko und auf den Philippinen zu beten. Auch diese Informationen kamen aus Jim's Munde so, als wäre er gerade vom Missionsfeld gekommen. „Unsere neuen Gemeinden sind sehr missionarisch", berichtete er uns später. „Wir haben Missionare in über 30 Ländern." Ob er sie alle kennen würde, wollte jemand von wissen. „Und ob, natürlich kenne ich sie, es sind doch alles meine Kinder." Jim hatte offensichtlich viele „Kinder". „Früher hätte man den Mann Apostel genannt", meinte jemand aus der Gruppe.

4.3. Blick in die Bibel

Text

1.Kor. 12,28-29; Eph. 4,11.

Begriff

Die besondere Begabung zum Apostel wird mit dem griechischen Begriff apostolos bezeichnet. Dem Begriff liegt das Verb apostellein, fortschicken, fortsenden, zu Grunde. Im NT wird dieser Begriff vor allem in Zusammenhang mit der Sendung zum Dienst im Reich Gottes, und zwar in der Vollmacht des Sendenden, gebraucht. Der Apostel ist also jemand, der autoritativ von Gott gesandt wird, um Gottes Willen zu verkündigen, bzw. verwirklichen.

Aufgabe

Die Bibel nennt uns eine Reihe von Menschen, die mit der Gabe und der Aufgabe des Apostels betraut wurden: die 12 Jünger Jesu (Lk.6, 13; Mt. 10,1ff.), Jakobus (Gal. 1,19), mehrere urchristliche Apostel (1.Kor.15,6ff), Andronikus und Junia (Röm. 16,7), Paulus (Röm.1,1; 11,13; 1.Kor. 9,1; 15,9; 2.Kor.1,1; 11,5), u.a.. Apostel sind im NT ausgezeichnet durch Gebet und Lehre – Verkündigung (Apg.2,37f; 6,1ff), Zeichen und Wunder (Apg.2,43ff u. a.), kraftvolles Zeugnis (Apg. 4,33), autoritatives Lehren (Apg. 2,42; Apg. 15; Gal. 2,20) und einen besonderen Auftrag (Röm.11,13). Sie sind in der Gemeinde für die Zurüstung der Heiligen zum Dienst (Eph. 4,11) mitzuständig.

Mögliche Gefahren

Apostolisch begabte Menschen zeichnen sich in der Regel durch einen starken Charakter und ein ausgesprochenes Berufungsbewusstsein aus, was dazu führen kann, dass sie nur schwer Korrekturen annehmen können. Apostel Paulus bietet hierfür ein anschauliches Beispiel. Seine zweite Missionsreise begann nicht nur mit einem eigenen Entschluss, aufs Missionsfeld zurück zu kehren, ohne dass er dabei seine Gemeinde konsultiert hätte, sondern wird auch noch von einem handfesten Streit mit Barnabas begleitet. Und alles nur, weil der Apostel seinen Willen durchsetzen wollte. Apostel sind klassische Pioniere, die eben auch eine große Portion an eigener Initiative brauchen. Sie sollten aber auch wissen, dass sie durch ihre Initiativfreudigkeit in Isolation geraten können, Initiativen anderer ersticken und somit das gewollte Vorankommen des Reiches Gottes gefährden.

Maßstäbe

Zum Dienst eines Apostels werden Menschen eingesetzt, die folgenden Kriterien entsprechen:

- Begabt und berufen durch Gott;
- Gründliche Kenntnis des Wortes Gottes;
- Grundsätzliche Überprüfung der Gabe durch Geschwister und Bewährung im Rahmen der Gemeinde (Paulus wartete Jahre auf seinen richtigen Einsatz – 1.Thess. 1)

Sollte der Apostel zum Ältesten der Gemeinde berufen werden, so gelten die in 1.Tim. 3,2ff aufgestellten Kriterien: *„Ein Bischof soll untadelig sein, Mann einer einzigen Frau, nüchtern, maßvoll, würdig, gastfrei, geschickt im Lehren, kein Säufer, nicht gewalttätig, sondern gütig, nicht streitsüchtig, nicht geldgierig, einer, der seinem eigenen Haus gut vorsteht und gehorsame Kinder hat in aller Ehrbarkeit, denn wenn jemand seinem eigenen Haus nicht vorzustehen weiß, wie soll er für die Gemeinde Gottes sorgen? Er soll kein Neugetaufter sein, damit er sich nicht aufblase und dem Urteil des Teufels verfalle. Er muß aber auch einen guten Ruf haben bei denen, die draußen sind, damit er nicht geschmäht werde und sich nicht fange in der Schlinge des Teufels."*

4.4. Schritte in die Praxis

Definition

Die Gabe des Apostels ist eine besondere Fähigkeit, die Gott einigen Gliedern am Leibe Christi gibt, gemeindeübergreifende Verkündigungs-, Lehr- und Gemeindeaufbau-Dienste wahrzunehmen. Dabei kommt dem Apostel vor allem die Aufgabe zu, Strategien zur Ausbreitung des Evangeliums und Verwirklichungswege für diese Strategien festzulegen.

Der *apostolos* verfügt über:

- ... die Fähigkeit, Gottes Willen in Zeit und Raum zu empfangen und zu verstehen.
- ... die Fähigkeit, Chancen und Möglichkeiten zur Ausbreitung des Evangeliums in noch nicht erreichten Gebieten zu sehen.
- ... die Fähigkeit, mehrere Gemeinden, ja ganze Regionen im Blick zu behalten und zu betreuen (Röm.11,13).
- ... einen besonderen Ruf Gottes (Lk.6,13; Eph.4,11).
- ... die Fähigkeit, Zeichen und Wunder zu vollbringen (Apg.2,43; 2.Kor.12,12).

Wo kann sie eingesetzt werden?

Menschen mit der Gabe des Apostels werden gebraucht für:

- die Leitung von Gemeindeverbänden,
- die Leitung von Missionsbewegungen,
- die Entwicklung von Missions- und Evangelisationsstrategien,
- den Lehrdienst an Mitarbeitern der Gemeinde;
- Gemeinde- und Missionsberatung.

Wird heute noch die Gabe gebraucht?

Sicher nicht in der Art der 12 Apostel, die die Grundlagen für den Bau der Gemeinde legten (Gal.2,20). In allen anderen Belangen ist die Gabe des Apostels nach wie vor von entscheidender Bedeutung für den Bau des Reiches Gottes.

Habe ich die Gabe des Apostels?	**Wer könnte bei uns in der Gemeinde die Gabe des Apostels haben?**
• Habe ich apostolische Fähigkeiten, wie sie oben beschrieben sind?	Am ehesten
• Kenne ich Apostel? Wen? Habe ich ähnliche Interessen und Empfindungen?	
• Habe ich einen weiten Blick für das Reich Gottes, oder sind meine geistlichen Interessen eher auf Details bezogen, örtlich, lokal gebunden?	Vielleicht
• Habe ich den Eindruck, für die „ganze Welt" verantwortlich zu sein?	Möglicherweise
• Verfüge ich über strategische Fähigkeiten?	

4.5. Gruppengespräch

A Wie ist es uns in der persönlichen Besinnung zur Gabe des Apostels ergangen?

B Wie verstehen wir nun die Gabe des Apostels?

C Kann es heute noch Apostel geben?

D Welche Dienste in der Gemeinde bzw. im Reich Gottes werden nicht wahrgenommen, wenn die Gabe des Apostels fehlt?

E Wer könnte bei uns/von uns die Gabe des Apostels haben?

Lektion 5
DIE GABE DES PROPHETEN

5.1. Persönliche Besinnung

A Was bedeutet meiner Einschätzung nach, prophetisch zu reden?

B Habe ich schon einmal Prophetie gehört? Wie ging das vor sich? Was wurde gesagt? In welchem Rahmen?

C Kann es heute noch Propheten geben? Wie begründe ich meine Meinung?

D Was sagt die Schrift über den Propheten und sein Wort? Bitte notiere mindestens 3 Punkte ohne in den folgenden Abschnitt zu sehen.

5.2. Einblick

Im Jahre 1974 verweigerte ich den Militärdienst. In der Sowjetunion, meinem Heimatland, galt ein solcher Schritt als Kapitalverbrechen und so begann für mich eine Tortur, die mit der völligen Zerstörung meiner Gesundheit endete.[14] Ich kam 1976 nach Hause mit einer ärztlichen Bescheinigung in der Tasche, nur noch höchstens zwei Jahre zu leben.

Nach dem ersten Gottesdienst in meiner Heimatgemeinde kam die alte Schwester Tina auf mich zu, umarmte mich und sagte dann liebevoll: „Habe keine Angst, du wirst nicht sterben. Gott will dich heilen. Fahre nach Leningrad zum Ältesten Jakow Wassiliewitsch, der wird für dich beten und Gott wird dich dann heilen."

Ich weiß nicht mehr warum, aber ich fuhr nach Leningrad, fand den Bruder und dieser betete für mich nach einem langen seelsorgerlichen Gespräch. Langsam begann sich mein Körper von den Wunden zu erholen und bald schon war ich so weit wiederhergestellt, dass ich arbeiten und reisen konnte. Die Schwester Tina hatte also recht gehabt. Sie hatte ein prophetisches Wort für mich und dieses hatte sich erfüllt.

---

14 Siehe dazu mein autobiografisches Buch „Der Verweigerer", Brunnen Verlag: Basel 2005.
als Hebräischbuch bei: Doppelpunkt-Verlag: Waldbröl 2006.

5.3. Blick in die Bibel

Text

1.Kor. 12,28; Eph. 4,11; Röm. 12,6

Begriff

Die besondere Begabung zum Propheten wird mit dem griechischen Begriff *prophetes* bezeichnet, der so viel wie Verkündiger einer sonst noch nicht öffentlich gemachten Tatsache meint. Das dazu gehörige Verb *profeteo* kann als offen heraus erklären, öffentlich bekannt machen, verkündigen und weissagen übersetzt werden.[15]
Ähnlich wird der Begriff auch im Neuen Testament gebraucht. Der Prophet wird hier als Verkündiger der göttlichen Botschaft gesehen, der sowohl über eine besondere Einsicht in die Gegenwart (Lk. 7,39), Zukunft (Mt. 11,13; 1.Petr. 1,10; Apg. 11,28), als auch in die Vergangenheit (Joh. 4,19ff) verfügen kann. Seine Einsicht verdankt er einer unmittelbaren Offenbarung Gottes (2.Petr.1,20).[16]

---

15 Siehe dazu: „Profetes" in TWNT, Band 6, S.783ff.
16 Für mehr Information siehe TWNT, Band 6, 829ff.

Aufgabe

In der Bibel nimmt der Prophet als Botschafter des Willens Gottes eine wichtige Rolle ein. Im Alten Testament werden eine Reihe von Propheten genannt: Elia, Elisa, Jesaja, Jeremia, Hesekiel, Daniel und andere. Im Neuen Testament werden die vier Töchter des Philippus (Apg. 21,9); Judas und Silas (Apg.15,31-32) und andere Propheten genannt.

Die Propheten nahmen in der Gemeinde an der Berufung (Apg. 13,1ff; 1.Tim. 1,18; 4,14) und Zurüstung der Heiligen zum Dienst (Eph. 4,11) teil; am geistlichen Aufbau der Gläubigen (Apg. 15,31ff); am seelsorgerlichen Dienst (1.Kor. 14,3.31); am Aussprechen und Verkündigen des Heilsplans Gottes (Off. 11,3-7); an der Evangelisation (1.Kor. 14,24f).

Mögliche Gefahren

- Falsches Verständnis von Prophetie, das zum falschen Propheten führt (1.Joh. 4,1-6;).
- Propheten neigen dazu, sich auf Grund ihrer Begabung für besonders wichtig zu halten. Dabei sollte sich jeder Prophet der Kritik der Gemeinde unterstellen (1.Kor. 14,29).

Maßstäbe

Im Neuen Testament werden keine besonderen Voraussetzungen zum Einsatz eines Propheten genannt. Allgemein gilt jedoch:

- Begabung durch den Geist Gottes;
- Gründliche Kenntnis des Wortes Gottes;
- Grundsätzliche Überprüfung der Gabe durch Geschwister und Bewährung im Rahmen der Gemeinde (1.Kor. 14,29).

Sollte der Prophet zum Ältesten der Gemeinde berufen werden, so gelten die in 1.Tim. 3,2ff aufgestellten Kriterien: *„Ein Bischof soll untadelig sein, Mann einer einzigen Frau, nüchtern, maßvoll, würdig, gastfrei, geschickt im Lehren, kein Säufer, nicht gewalttätig, sondern gütig, nicht streitsüchtig, nicht geldgierig, einer, der seinem eigenen Haus gut vorsteht und gehorsame Kinder hat in aller Ehrbarkeit, denn wenn jemand seinem eigenen Haus nicht vorzustehen weiß, wie soll er für die Gemeinde Gottes sorgen? Er soll kein Neugetaufter sein, damit er sich nicht aufblase und dem Urteil des Teufels verfalle. Er muß aber auch einen guten Ruf haben bei denen, die draußen sind, damit er nicht geschmäht werde und sich nicht fange in der Schlinge des Teufels."*

5.4. Schritte in die Praxis

Definition

Die Gabe des Propheten ist eine besondere Fähigkeit, die Gott einigen Gliedern am Leibe Christi gibt, die Situation des Menschen im Bezug auf Vergangenheit, Gegenwart und Zukunft in besonderer Weise zu verstehen und dann in diese Situation das entsprechende Wort Gottes zu sprechen.

Der *prophetes* verfügt über ...

- ... die Fähigkeit, Gottes Wort in Zeit und Raum zu empfangen und zu verstehen.
- ... die Fähigkeit, von Gott Einsicht in Vergangenheit, Gegenwart und Zukunft zu erbitten und diese zu empfangen.
- ... die Fähigkeit, das empfangene Wort mutig in die Situation zu sprechen, ohne dabei vor eventuellen Konsequenzen zurückzuschrecken.

Wo kann sie eingesetzt werden?

Menschen mit der Gabe der Prophetie können eingesetzt werden in:

- der Leitung der Gemeinde;
- Seelsorge und Jüngerschaftstraining;
- der Verkündigung;
- der strategischen Planung in der Gemeinde;
- Gemeinde- und Missionsberatung.

Wird heute noch die Gabe gebraucht?

Petrus schreibt im 2.Petr. 1,19:

„Um so fester haben wir das prophetische Wort, und ihr tut gut daran, dass ihr darauf achtet als auf ein Licht, das da scheint an einem dunklen Ort, bis der Tag anbreche und der Morgenstern aufgehe in euren Herzen."

Wir brauchen heute das prophetische Wort, weil wir uns immer noch an einem dunklen Ort befinden, und der Ausbruch des Tages des Herrn steht uns noch bevor.

Habe ich die Gabe des Propheten?

- Habe ich prophetische Fähigkeiten, wie sie oben beschrieben sind?

- Kenne ich Propheten? Wen? Habe ich ähnliche Interessen und Empfindungen?

- Habe ich immer wieder einen Blick für die tatsächliche Lage der Dinge, auch wenn sie im Moment noch verborgen sind?

- Habe ich den Eindruck, Menschen immer wieder einmal ein besonderes Wort sagen zu müssen?

Wer könnte bei uns in der Gemeinde die Gabe des Propheten haben?

Am ehesten

Vielleicht

Möglicherweise

5.5. Gruppengespräch

A Kann es heute noch Propheten geben?

B Was versteht die Heilige Schrift unter Prophetie?

C Welche Rolle käme einem Propheten in der Gemeinde zu?

D Warum nennen wir unsere Diener heute selten Propheten?

E Wer könnte bei uns/von uns die Gabe des Propheten haben?

Lektion 6

DIE GABE DES EVANGELISTEN

A Bin ich durch einen Evangelisten zum Glauben gekommen? Wer war das? Was zeichnete diese Person aus? Warum hat er/ sie sich Evangelist genannt?

B Wenn ich die Gabe eines Evangelisten hätte, dann müsste ich ...
(bitte ergänze diesen Satz)

....
....
....
....
....
....
....
....
....

6.1. Persönliche Besinnung

C Evangelisten sind für den Aufbau der Gemeinde Jesu aus folgenden drei Gründen wichtig:

1.

2.

3.

6.2. Einblick

Schwester Mascha fiel in unserer kleinen estnischen Gemeinde bald auf. Sie war immer von Menschen umgeben. Jung und alt fühlte sich von ihren Worten angezogen. Auch ungläubige Menschen hörten ihr gerne zu, wenn sie zu ihnen aus dem Wort Gottes sprach. Und das Wort kannte Mascha gut. Eigentlich wäre sie ein guter Prediger geworden, da aber Schwestern bei uns nicht auf die Kanzel durften, gab man ihr oft die Gelegenheit, ein „Zeugnis" zu sagen.

Und wenn Mascha ihr mit biblischen Wahrheiten gespicktes „Zeugnis" gab, kamen Menschen zum Glauben. Auch in anderen Gemeinden. Bald wurde sie von vielen Gemeinden eingeladen, auch da „Zeugnis" zu geben. Das tat Mascha, und so kamen überall Menschen zum Glauben an Jesus. Und zu Hause, da versammelte Mascha am liebsten Menschen in ihre Wohnung und führte mit ihnen Gespräche über Evangelisation. Viele von uns waren dermaßen von ihren Berichten angetan, dass wir es ihr selbst bald gleichtaten und auch begannen zu evangelisieren. So war Mascha es, die mich nach meiner ersten Predigt zur Seite nahm und mir sagte: „Gott hat dir die Gabe eines Evangelisten gegeben. Predige das Wort und rufe Menschen zur Entscheidung." Heute bin ich mit Leidenschaft Evangelist.

6.3. Blick in die Bibel

Text

Eph. 4,11.

Begriff

Die besondere Begabung zum Evangelisten wird mit dem griechischen Begriff euanggelistes bezeichnet. Dem Begriff liegt das Verb euanggelion, Gute Nachricht, zu Grunde. Im NT wird dieser Begriff direkt nur drei Mal gebraucht (Apg. 21,8; Eph.4,11 und 2.Tim. 4,5), obwohl die Sache öfter vorkommt (siehe Phil. 4,3; 2.Kor. 8,18; Kol. 1,7; 4,12), und wird vor allem in Zusammenhang mit der Sendung zum Verkündigungsdienst mit dem Ziel der Bekehrung von Ungläubigen gebraucht (Röm. 10,14f).

Aufgabe

Im Neuen Testament werden eine Reihe von Gläubigen Evangelisten genannt: Philippus (Apg. 8,4f, 12.35.40 ; 21,8), Timotheus (2.Tim. 4,5; 1.Thes. 3,2; Phil. 2,22), Evodia und Syntyche (Phil. 3,1-3), Epaphras (Kol. 1,7; 4,12) u.a.. Die Aufgabe des Evangelisten besteht in der Verkündigung der Guten Nachricht an die Nicht-Glaubenden (Röm. 10,14f; Apg. 8); in der Zurüstung der Gemeinde zum Dienst (Eph.4,11) und in der Unterstützung der Arbeit der Apostel (Kol.1,7; 4,12).

Mögliche Gefahren

- Überheblichkeit und Rechthaberei (Phil. 4,1-3);
- Predigt aus Gewinnsucht (Phil.1,15f).

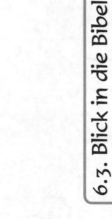

Maßstäbe

Im Neuen Testament werden keine besonderen Voraussetzungen zum Einsatz eines Evangelisten genannt. Allgemein gilt jedoch:

- Begabung durch den Geist Gottes;
- Gründliche Kenntnis des Wortes Gottes;
- Grundsätzliche Überprüfung der Gabe durch Geschwister und Bewährung im Rahmen der Gemeinde (1.Kor. 14,29)

Sollte der Evangelist zum Ältesten der Gemeinde berufen werden, so gelten die in 1.Tim. 3,2ff aufgestellten Kriterien: *"Ein Bischof soll untadelig sein, Mann einer einzigen Frau, nüchtern, maßvoll, würdig, gastfrei, geschickt im Lehren, kein Säufer, nicht gewalttätig, sondern gütig, nicht streitsüchtig, nicht geldgierig, einer, der seinem eigenen Haus gut vorsteht und gehorsame Kinder hat in aller Ehrbarkeit, denn wenn jemand seinem eigenen Haus nicht vorzustehen weiß, wie soll er für die Gemeinde Gottes sorgen? Er soll kein Neugetaufter sein, damit er sich nicht aufblase und dem Urteil des Teufels verfalle. Er muß aber auch einen guten Ruf haben bei denen, die draußen sind, damit er nicht geschmäht werde und sich nicht fange in der Schlinge des Teufels."*

6.4. Schritte in die Praxis

Definition

Die Gabe des Evangelisten ist eine besondere Fähigkeit, die Gott einigen Gliedern am Leibe Christi gibt, das Evangelium mit Vollmacht zu verkündigen, so dass Menschen zum Glauben an Jesus Christus, den Herrn kommen.

Der mit *euanggelistes* begabte Mensch verfügt über:

- ... eine ausgesprochene Liebe zu verlorenen Menschen;
- ... die Gabe, so zu reden, verkündigen, predigen, dass die Menschen es verstehen und sich in die Nachfolge Jesu stellen;
- ... eine Gabe, natürlich zu überzeugen.

Wo kann sie eingesetzt werden?

Menschen mit der Gabe der Evangelisation können eingesetzt werden in:

- Leitung der Gemeinde;
- Mission;
- Evangelisation;
- Vorbereitung der Gemeinde zur Evangelisation;
- Schulung für Evangelisation.

Wird die Gabe heute noch gebraucht?

Ja!
Solange wir auf dieser Erde leben, von Menschen umgeben, die noch nicht Gott gehören, werden Verkündiger der Guten Nachricht gebraucht.

Habe ich die Gabe des Evangelisten?

- Was interessierte mich in den Monaten der ERSTEN LIEBE? War es vor allem Evangelisation?
- Wollte ich unbedingt jedem Menschen das Evangelium von Christus sagen?
- Waren mir meine Mitmenschen gleichgültig, oder brannte mein Herz angesichts ihres Unglaubens?
- Ist es heute immer noch so?
- Habe ich oft ein schlechtes Gewissen, wenn ich an die ungenutzten Chancen denke, Menschen das Evangelium zu sagen?
- Kann ich Menschen für die Evangelisation begeistern?
- Folgen Menschen meinen Ideen leicht?

Wer könnte bei uns in der Gemeinde die Gabe des Evangelisten haben?

Am ehesten

Vielleicht

Möglicherweise

6.5. Gruppengespräch

A Was sagt die Bibel über die Gabe und die Aufgabe eines Evangelisten?

B Wieviele Evangelisten sollte eine Gemeinde haben?

C Dürfen auch Frauen Evangelisten sein?

D Was passiert mit der Gemeinde, wenn sie keine Evangelisten in ihrer Mitte hat?

Lektion 7

DIE GABE DES HIRTEN

A Wen würdest du als deinen geistlichen Hirten bezeichnen? Warum?

B Was zeichnet deines Erachtens einen geistlichen Hirten aus? Nenne fünf Merkmale:

1.
2.
3.
4.
5.

7.1. Persönliche Besinnung

C Geistliche Leiter werden in der Bibel oft Hirten genannt. Warum verwendet die Bibel dieses Berufsbild?

D Welches Bibelwort beschreibt deiner Meinung nach den Hirtendienst am besten? Du kannst auch mehrere Bibelstellen nennen.

7.2. Einblick

Keine Feier ohne Christof. Kein anderer Satz würde im Bezug auf das Gemeindeleben unserer großen Gemeinde in Wiedenest, Deutschland mehr stimmen. Christof war einer unserer Ältesten. Und woher er bloß seine Informationen bezog? Er schien einfach allgegenwärtig zu sein. Kaum waren Christen oder deren Verwandte in unseren Ort gezogen – Christof war schon da. Und besuchte er einmal jemand, so sah man nicht selten danach einen LKW mit gebrauchten Möbeln vor die Tür der eben besuchten Familie fahren. Mit einem Gruß des Ältesten. Man konnte in der Gemeinde kaum krank werden, ohne von ihm besucht, getröstet und versorgt zu werden. Hatte jemand Schwierigkeiten mit seiner Familie oder gar mit dem Glauben – Christof besuchte ihn und stand ihm auch nach mehreren Enttäuschungen noch zur Verfügung. Brauchte jemand einen Fürsprecher vor seinem Chef in der Firma oder vor Gericht – jeder wusste, wo man Hilfe bekommen würde. Ob am Tag oder in der Nacht – auf Christof konnte man sich verlassen. Wir hatten in der Gemeinde mehrere Älteste, für mich und für viele andere war er aber der einzige Hirte.

7.3. Blick in die Bibel

Text

Eph. 4,11.

Begriff

Die besondere Begabung zum Hirten wird mit dem griechischen Begriff poimen bezeichnet. Dem Begriff liegt das Wort poimne, poimnion = Kleinviehherde zu Grunde. Die Herde war in der Regel eine kleine Herde (Lk.12,32) mit einer überschaubaren Anzahl von Schafen innerhalb von gemischten Herden (Mt.25,32) mit Schafen und Ziegen (20-500 Köpfen). Die Vorstellung von der Gemeinde als Herde ist im AT (Ps.23,1-4; 28,9; Jer. 13,17; Ps. 95,7; Ps.100,3; u.a.), und im NT (Mk. 14,27f; Mt. 26,31f; Mt. 10,16; Lk. 12,32; Joh. 10,1-29; u.a.) gleichermaßen vertreten. Dabei werden sowohl Gott (1.Mo. 49,24; Ps. 23,1; 80,2), Jesus (Joh. 10,1-30) als auch Führer der Gemeinde (1.Sam. 21,8; 2.Sam. 7,7; Jer. 2,8; Hes. 34,2-10) als Hirten beschrieben. Im Neuen Testament werden die Führer der Gemeinde nur an einer Stelle als Hirten bezeichnet: in der Dienstliste in Eph. 4,11. Die Sache an sich wird jedoch an anderer Stelle als Aufgabe der Ältesten beschrieben, wenn diese poimainein = die Herde weiden sollen (1.Petr. 5,1-2; Apg. 20,28; Joh. 21,16).

Aufgabe

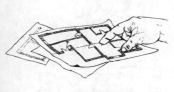

Im Neuen Testament werden eine Reihe von Menschen als Hirten bezeichnet. Neben Jesus (Joh. 10,1ff ; Mt. 18,12-14; u.a), dem eigentlichen Hirten, werden Petrus (Joh. 21, 15ff); Gajus (3.Joh) und Diotrephes und Demetrius (3.Joh. - negativ) genannt. Die Aufgabe des Hirten ist die Fürsorge für die Gemeinde (Apg. 20,28; 1.Petr. 5,2ff), das Suchen der Verlorenen (Mt. 18,12-14; Lk. 11,23), die Abwehr der Häresie (Apg. 20,29f), die Zurüstung der Gemeinde zum Dienst (Eph.4,11) und der geistliche Aufbau der Gläubigen (1.Petr. 5,1ff).

Mögliche Gefahren:

• Lässiges Weiden der Herde Gottes (Jer. 23,2);

• Selbstsüchtiges Gehabe im Interesse eigener Bereicherung (Jes. 56,11; Hes. 34,2);

• Herrschsucht (3.Joh; 1.Petr. 5,3f)

Maßstäbe

Im Neuen Testament werden keine besonderen Voraussetzungen zum Einsatz eines Hirten genannt. Allgemein gilt jedoch:

- Begabung durch den Geist Gottes;
- Gründliche Kenntnis des Wortes Gottes;
- Grundsätzliche Überprüfung der Gabe durch Geschwister und Bewährung im Rahmen der Gemeinde (1.Kor. 14,29).

Sollte der Hirte zum Ältesten der Gemeinde berufen werden, so gelten die in 1.Tim. 3,2ff aufgestellten Kriterien:

„Ein Bischof soll untadelig sein, Mann einer einzigen Frau, nüchtern, maßvoll, würdig, gastfrei, geschickt im Lehren, kein Säufer, nicht gewalttätig, sondern gütig, nicht streitsüchtig, nicht geldgierig, einer, der seinem eigenen Haus gut vorsteht und gehorsame Kinder hat in aller Ehrbarkeit, denn wenn jemand seinem eigenen Haus nicht vorzustehen weiß, wie soll er für die Gemeinde Gottes sorgen? Er soll kein Neugetaufter sein, damit er sich nicht aufblase und dem Urteil des Teufels verfalle. Er muß aber auch einen guten Ruf haben bei denen, die draußen sind, damit er nicht geschmäht werde und sich nicht fange in der Schlinge des Teufels."

7.4. Schritte in die Praxis

Definition

Die Gabe des Hirten ist eine besondere Fähigkeit, die Gott einigen Gliedern am Leibe Christi gibt, sich um das Wohl der Mitchristen zu kümmern, sie vor Fehltritten zu schützen und, wo sie in Gefahr geraten sind, wieder aufzubauen.

Der mit *poimen* begabte Mensch verfügt über:

- ... eine ausgesprochene Liebe zu Brüdern und Schwestern in seiner unmittelbaren Umgebung;
- ... die Fähigkeit, sich in die Lage des Anderen einzufinden;
- ... Ausdauer, eine Beziehung auch dann aufrecht zu erhalten, wenn sie längst einseitig geworden ist;
- ... ein ausgesprochenes Verlangen, dem Nächsten seine beste Seite abzugewinnen, ihn aufzubauen und zu fördern.

Wo kann sie eingesetzt werden?

Menschen mit der Gabe des Hirten können eingesetzt werden in:

- der Leitung der Gemeinde;
- Gemeindeaufbau und Seelsorge;
- Hauskreisarbeit;
- Mitarbeiterschulung.

Wird die Gabe noch gebraucht?

Die Frage erübrigt sich wohl von selbst. Gerade in unserer multioptionalen Zeit mit all dem Wirrwarr an Meinungen brauchen Menschen Führung und Orientierung.

Habe ich die Gabe des Hirten?

- Wie tief ist mein Interesse am Schicksal meiner Mitchristen? Spricht es mich besonders an, wenn meine Glaubensgeschwister leiden oder sich freuen?
- Sind mir meine Mitchristen eher gleichgültig, oder brennt mein Herz angesichts ihrer Probleme?
- Habe ich oft ein schlechtes Gewissen, wenn ich an die ungenutzten Chancen denke, meinen Mitchristen zu helfen?
- Kann ich mich über Fortschritte meiner Mitbrüder und –schwestern freuen?
- Habe ich Leitungsfähigkeiten? Folgen Menschen meinen Ideen leicht?

Wer könnte bei uns in der Gemeinde die Gabe des Hirten haben?

Am ehesten

Vielleicht

Möglicherweise

7.5. Gruppengespräch

A Welche Rolle haben Hirten in unserem geistlichen Leben gespielt?

B Können auch Frauen die Gabe des Hirten haben? Welche Aufgabe käme den Frauen in einem solchen Fall zu?

C Warum fällt es vielen Menschen schwer, sich dem Pastor in der eigenen Gemeinde anzuvertrauen?

D Was sagt die Bibel über die Bedeutung des Hirten für das geistliche Wachstum des Christen?

E Wieviele Hirten sollte eine Gemeinde haben?

F Muß ein Hirte in der Gemeinde gleichzeitig Ältester sein?

G Wer hat in unserer Gemeinde die Gabe des Hirten?

Lektion 8

DIE GABE DES LEHRERS

8.1. Persönliche Besinnung

Jeder von uns kennt Lehrer. Jeder ist belehrt worden. Was zeichnet einen guten Lehrer deiner Meinung nach aus? Ist es ... (bitte ergänze, wenn nötig)

... die Fähigkeit, eindringlich zu reden, oder ...
... die Fähigkeit, viel Information in kürzester Zeit weiter zu geben, oder ...
... die Fähigkeit, den Stoff spannend zu vermitteln, oder ...
... die Fähigkeit, den Lehrstoff klar zu strukturieren, oder ...
... biblische Klarheit, oder ...

... anderes:

A Wer sollte in der Gemeinde die Gabe des Lehrers haben? (bitte ankreuzen)

- Chorleiter
- Sonntagschulmitarbeiter
- Frauenreferentin
- Älteste
- Pastoren
- Evangelisten
- Diakone
- Missionare
- Hauskreisleiter
- andere ...

B Ich würde meine persönlichen Erfahrungen mit Lehrern in der Gemeinde wie folgt beschreiben:

8.2. Einblick

Unsere Bibelstunden in der Gemeinde waren wie folgt aufgebaut: Einer der Brüder leitete durch einen kurzen Vortrag in den Bibeltext des Abends ein und dann wurde dieser frei besprochen. Nicht selten ging es dabei kontrovers zu. Man diskutierte heftig und wenn man dann trotz allen Bemühens nicht zu einem Ergebnis kam, dann sahen alle in Richtung Bruder Peters. Oft hatte er bis dahin noch kein Wort gesagt, als würde einer der Brüder ihn erst fragen müssen: „Peter, wie siehst du die Sache?" Dann sprach er, und der noch eben so heftige Streit schien sich im Nu zu verflüchtigen. Nicht, dass Peter immer eine Antwort parat hatte. Manchmal sagte er schlicht: „Brüder, dieser Text ist mir zu kompliziert und er erfordert weiteres Nachdenken." Dann stand eben für alle fest: diskutieren hat keinen Zweck, wir müssen noch weiter nachdenken. Hatte Peter aber eine Meinung, so brauchte es nicht lange und den meisten schien gerade sein Beitrag der richtige, so plausibel und einsichtig vermochte er seinen Standpunkt darzulegen. Nein, Peter glänzte nicht durch hohe Bildung. Er war ein einfacher Bauer und seine Sprache verriet schnell seine Herkunft. Doch daran störte sich niemand in der Gemeinde. „Der Peter kann es halt gut erklären", sagte man bei uns. Und recht hatte man.

8.3. Blick in die Bibel

Text

Röm. 12,7; 1.Kor. 12,28; Eph. 4,11

Begriff

Lehrer = Der griechische Begriff didaskalos meint vorwiegend einen Lehrer (didaskalia = Lehre (Röm. 12,7)), der sowohl Kenntnisse vermittelt, als auch daran arbeitet, gewisse Fähigkeiten bei seinen Schülern auszubilden. Er ist somit nicht der Lehrer schlechthin, sondern ein Mann, der gewisse Fähigkeiten lehrt und ausbildet. Mit dem Begriff wurde auch ein Chorleiter bezeichnet, der eine chorische Dichtung für die öffentliche Vorführung einübte.[17] Auch im NT wird der Begriff ähnlich verwandt. Hier geht es vor allem um die Anleitung zum Gehorsam gegenüber dem offenbarten Willen Gottes (2.Tim. 3,16) im Alltag (Jak. 3,1ff) mit dem Ziel, Gottseligkeit zu vermitteln (1.Tim. 6,3). Dabei lehrt der Lehrer nicht nur durch sein Wort, sondern durch sein ganzes Sein (2.Tim. 3,10).

---

17 TWNT, Band 2, S. 150-51.

Aufgabe

Lehre und damit auch Lehrer erhalten in der Gemeinde Jesu einen besonderen Stellenwert, schließlich gründet sich der Glaube auf der LEHRE der Apostel (Gal.2,20). Das alles überragende Vorbild der Lehrer ist Jesus selbst (Joh. 7,16f; Mt. 7,28-29; Joh. 8,2ff; u.a.). Weitere Lehrer waren Barnabas (Apg. 11,26; 15,35), Paulus (Apg. 13,1; 15,35; 18,11; u.a.), Apollos (Apg. 18,25) u.a.. Ihre Aufgabe bestand in vollmächtiger Vermittlung der Lehre von Jesus, dem Messias, in der Gemeinde (Röm.12,7; 1.Kor. 12,28)und im Hauskreis (Apg. 2,42f; Röm.16) sowie in der persönlichen Zurüstung der Gläubigen zum Dienst (Eph. 4,11; 1.Tim. 3).

Mögliche Gefahren

- Verkürzung und Verdrehung der wahren Lehre (Mt. 5,19; 1.Tim. 6,3f);
- Lehren von Menschengeboten, statt des Wortes Gottes (Mt.15,9; 1.Tim. 42ff);
- Lehren, ohne den Sachverhalt wirklich verstanden zu haben (1.Tim.1,7);
- Lehren von Inhalten, die nicht aus dem Wort Gottes, sondern aus den Vorstellungen der Zuhörer stammen – nach dem Munde der Zuhörer lehren (2.Tim. 4,3-4);
- Lehren um des Gewinnes willen (Tit. 1,11);
- Unverantwortlicher Gebrauch der Gabe, was zur falschen Lehre führt (Jak. 3,1ff).

Maßstäbe

Besondere Kriterien zur Berufung von Lehrern in den Dienst der Gemeinde stellt das Neue Testament nicht auf. Allgemein gilt jedoch:

- Begabung durch den Geist Gottes;
- Gründliche Kenntnis des Wortes Gottes;
- Grundsätzliche Überprüfung der Gabe durch Geschwister und Bewährung im Rahmen der Gemeinde (1.Kor. 14,29)

Sollte der Lehrer zum Ältesten der Gemeinde berufen werden, so gelten die in 1.Tim. 3,2ff aufgestellten Kriterien: *„Ein Bischof soll untadelig sein, Mann einer einzigen Frau, nüchtern, maßvoll, würdig, gastfrei, geschickt im Lehren, kein Säufer, nicht gewalttätig, sondern gütig, nicht streitsüchtig, nicht geldgierig, einer, der seinem eigenen Haus gut vorsteht und gehorsame Kinder hat in aller Ehrbarkeit, denn wenn jemand seinem eigenen Haus nicht vorzustehen weiß, wie soll er für die Gemeinde Gottes sorgen? Er soll kein Neugetaufter sein, damit er sich nicht aufblase und dem Urteil des Teufels verfalle. Er muß aber auch einen guten Ruf haben bei denen, die draußen sind, damit er nicht geschmäht werde und sich nicht fange in der Schlinge des Teufels."*

8.4. Schritte in die Praxis

Definition

Die Gabe der Lehre ist eine besondere Fähigkeit, die Gott einigen Gliedern am Leibe Christi gibt, die sie befähigt, den in der Heiligen Schrift offenbarten Willen Gottes so zu vermitteln, dass er verstanden und konkret angewandt werden kann.

Der mit *didaskalia* begabte Mensch verfügt über:

- ... einen klaren Blick für das Wort Gottes;
- ... die analytische Fähigkeit, den Willen Gottes in Zeit und Raum zu begreifen;
- ... die Fähigkeit, das Erkannte effektiv zu vermitteln;
- ... die Ausdauer und Geduld, so lange zu lehren, bis verstanden wird.

Wo kann sie eingesetzt werden?

Menschen mit der Gabe der Lehre können in der Gemeinde eingesetzt werden in:

- der Leitung der Gemeinde;
- der Verkündigung/Predigt;
- der Zurüstung der Gläubigen zu Dienst, Schulung und Lehre;
- Schulung und Ausbildung der Kinder;
- Gruppenarbeit;
- Hauskreisleitung.

Wird die Gabe noch gebraucht?

Wo Lehre und Verständnis fehlt, da besteht die Gefahr, dass Christen sich vom Leben aus Gott entfernen (Eph. 4,17f). Deshalb verlangt die Schrift von jedem Ältesten der Gemeinde die Lehrbegabung (1.Tim. 3,2). Die Gabe der Lehre wird also dringend gebraucht.

Habe ich die Gabe der Lehre?

- Erfasse ich biblische Zusammenhänge leicht, oder übersehe ich sie eher?
- Verstehe ich es, den Willen Gottes praktisch in meinem Leben umzusetzen?
- Kann ich Zusammenhänge eingängig erklären?
- Habe ich die Geduld zu erziehen?

Wer könnte bei uns in der Gemeinde die Gabe eines Lehrers haben?

Am ehesten

Vielleicht

Möglicherweise

8.5. Gruppengespräch

A Warum ist die Gabe der Lehre eine unbedingte Voraussetzung für den Dienst des Ältesten?

B Welche Aufgabe obliegt den Lehrern im geistlichen Aufbau des Leibes Christi?

C Was hat die Gabe der Lehre mit Mission zu tun?

D Wer darf, biblisch gesehen, lehren?

E Worin bestehen die Unterschiede zwischen der Gabe der Lehre und den anderen geistlichen Leitungsgaben in der Gemeinde?

ZWISCHENERGEBNIS: Gaben in der Gemeinde

Wir haben uns nun in mehreren Stunden die Gaben der geistlichen Leitung der Gemeinde näher angesehen. Dabei ging es auch immer wieder darum, sowohl sich selbst als auch die anderen Mitglieder der Gruppe mit dem jeweiligen Gabenprofil zu vergleichen und eine mögliche Einordnung vorzunehmen. An dieser Stelle sollen die Ergebnisse zusammengetragen werden. Es ist empfehlenswert, auch andere Gemeindemitglieder, die nicht am Jüngerschaftskreis teilnehmen, in die Überlegungen einzubeziehen. Folgende Liste sollte als Ergebnis des Gesprächs ausgefüllt werden.

GABE	evident	latent	nicht vorhanden
Apostel			
Prophet			
Evangelist			
Hirte			
Lehrer			

ZWISCHENERGEBNIS: Gaben in der Gemeinde

Wir haben uns nun in mehreren Stunden die Gaben genau sichtbar Leitung der Gemeinde näher angesehen. Dabei ging es auch immer wieder darum, sowohl sich selbst als auch die anderen Mitglieder der Gruppe mit dem jeweiligen Gabenprofil zu vergleichen und eine mögliche Einordnung vorzunehmen. An dieser Stelle sollen die Ergebnisse zusammengetragen werden. Es ist ein Vorschlagswert, auch andere Gemeindemitglieder, die nicht zum Jüngerschaftskreis gehören, in die Überlegungen einzubeziehen. Folgende Liste sollte als Ergebnis des Lesegottesdienstes gefüllt werden.

GABE	evident	latent	nicht vorhanden
Apostel			
Prophet			
Evangelist			
Hirte			
Lehrer			

48

TEIL III: Gaben des Wortes

Eine Reihe von Gaben des Heiligen Geistes haben unmittelbar mit der Vermittlung und Erklärung des Wortes Gottes zu tun. Als solche haben wir im Neuen Testament folgende Gaben entdeckt: Weisheit, Predigt, Prophetie, Evangelisation, Lehre, Ermahnung, Erkenntnis.[18] Die wichtigste Aufgabe der Träger dieser Gaben ist: Gottes Wort erklären und in die Praxis des geistlichen Lebens umsetzen helfen.

---

18 Weil die Gaben der Prophetie, Evangelisation und Lehre bereits im vorigen Abschnitt behandelt wurden, ist auf eine gesonderte Reflektion dieser Gaben im Abschnitt III verzichtet worden. Es würde sich jedoch empfehlen, auch diese Gaben unter dem besonderen Gesichtspunkt der Kommunikation des Wortes Gottes neu zu behandeln.

Lektion 9

DIE GABE DES WORTES DER WEISHEIT

A Was wäre in deinen Augen Weisheit?

B Zu wem würdest du gehen, wenn du einen weisen Rat bräuchtest? Warum?

9.1. Persönliche Besinnung

C Gibt es in deiner Umgebung Christen, die du als weise einstufst? Was unterscheidet sie von den anderen?

D Wer wird in der Bibel weise genannt? Nenne 1-2 Beispiele.

9.2. Einblick

Bruder Johannes war bereits ein alter Mann, als ich ihn kennen lernte. Er hatte in seinem Leben nicht lange die Schule besucht. Die Revolution in Russland, zwei Weltkriege, russischer Bürgerkrieg und immer wieder Verbannung und Hungersnot hatten ihm die Möglichkeiten zu studieren genommen. Er wurde Bauer und hatte die meisten Jahre seines Lebens auf dem Land gearbeitet.

Niemand besuchte ich so gerne in der Gemeinde wie ihn. Nicht nur, weil er so viel Interessantes aus seinem Leben zu berichten wusste. Nein, ich wandte mich an ihn, wenn ich wieder einmal Rat brauchte. Und als junger Pastor braucht man eben oft Rat. Das Leben stellte mir Aufgaben, für die mich mein Theologiestudium nicht vorbereitet hatte. Oft wusste auch der greise Bruder keine Lösung. „Ich will die Sache vor den Herrn bringen", sagte er dann. Tage später rief er mich an. „Du kannst kommen, ich habe ein Wort für dich." Ich wusste schon, Johannes würde mir einen guten, ja weisen Rat geben. „Der Herr hat gesprochen", pflegte Johannes seine Ratschläge einzuleiten, „und ich glaube, du kannst mit diesem Wort bestimmt etwas anfangen."

Nein, Johannes gab keine geheimnisvollen Sprüche an mich weiter. Es waren handfeste Ratschläge. So kam ich zum Beispiel mit einem Mitarbeiter nicht klar. Die Empfehlung des Mannes an mich war, die Frau des Mitarbeiters zu besuchen, am besten mit einem Geschenk. „Sie hat etwas gegen dich", sagte Johannes. Ich besuchte das Ehepaar, wir sprachen uns aus, und ich erhielt einen völlig verwandelten Mitarbeiter. Manchmal rief Johannes mich zu sich und riet mir dringend, nach Wegen zu suchen, die Entscheidungen des Gemeinderats zu revidieren, weil sie nur Unheil bringen würden. Nicht immer befolgten ich und meine Brüder seinen Rat. Manchmal schien uns sein Rat einfach altmodisch und zu primitiv. Wir taten es auch auf sein Alter ab. Doch dann, wenn sich die Worte des Alten erfüllten, dann erinnerten wir uns an seinen weisen Rat. Wir hatten ihn verkannt und ernteten nun die Frucht unseres Ungehorsams.

9.3. Blick in die Bibel

Text

1.Kor.12,8

Begriff

Weisheit = griechisch sofia, vom Adjektiv sofos, bezeichnet im allgemeinen „sachlich vollendetes und darum außergewöhnliches Können und Wissen."[19] In der Heiligen Schrift liegt der Ursprung der Weisheit in Gott (Spr. 1,9). Wer in der Weisheit wie Jesus zunimmt, über dem liegt die Gnade Gottes (Lk. 2,40) und der ist voll des Geistes Gottes (Apg. 6,3+10). Weisheit wird vor allem zur Lösung lebensnaher Fragestellungen benötigt. So bezeichnet sich Paulus als „weisen Baumeister" (1.Kor. 3,10), der ein gutes Fundament in der Gemeinde zu Korinth gelegt hat. Andererseits rügt er die Korinther, dass sie ihre Streitfragen vor den weltlichen Gerichten austragen: „... gibt es denn wirklich unter euch keinen Weisen?" (1.Kor. 6,5). Wer Weisheit aus Gott besitzt, der weiß sich daher im Leben zu bewähren.

19 TWNT, Band 7, S.467.

Aufgabe

Die Aufgaben des Weisen werden aus folgenden biblischen Beispielen deutlich:

- **Salomo.** Als junger König bittet Salomo Gott um ein weises und gehorsames Herz (1.Kön.3,9). Und Gott gibt es ihm. Seine salomonische Weisheit ist bis heute sprichwörtlich geblieben. Ein Beispiel hierfür finden wir in 1.Kön. 3,16-28. Hier löst Salomo genial das Problem zweier Frauen, die sich um ein neugeborenes Kind streiten. Es ist Salomos Aufgabe, als weiser Mann eine Problemlösung zu finden, und er findet sie, dank des von Gott weise gemachten Herzens.

- **Jesus.** Über Jesus heißt es in Kol.2,3, dass in Ihm die Fülle der Weisheit Gottes lebte. Wie diese Weisheit sich auswirkte, sehen wir zum Beispiel in Mt.22,15-22. Hier versuchten die Pharisäer, Ihn mit einer Fangfrage über die Berechtigung der Steuer zu Fall zu bringen. Seine Antwort ist großartig. Er merkt die Bosheit seiner Fragesteller und antwortet ihnen weise. Darauf lassen sie Jesus in Ruhe. Oder denken wir an die Geschichte der Ehebrecherin, die vor Jesus geschleppt wurde, frisch im Ehebruch ertappt (Joh.8,4ff). Wie wunderbar rettet Jesus diese Frau vor dem sicheren Tod. Gerade in Zeiten der Verfolgung ist Weisheit vonnöten. Jesus verspricht seinen Jüngern, für solche Fälle „Mund und Weisheit zu geben" (Luk.21,15).

- **Apostel und Diakone.** In der Praxis des Gemeindelebens erlebte die junge Christenheit gleich zu Beginn, wie wichtig die Gabe der Weisheit ist. In Apg. 6 lesen wir von der in der Gemeinde zu Jerusalem entstandenen Unruhe, weil hier die tägliche Versorgung der Witwen nicht mehr reibungslos funktionierte. Die Apostel reagierten sofort und so berief die Gemeinde Männer, die dieses Problem lösen sollten. Die geistliche Voraussetzung für diesen Dienst beschrieben die Apostel wie folgt: „Darum, ihr lieben Brüder, seht euch um nach sieben Männern in eurer Mitte, die einen guten Ruf haben und voll Heiligen Geistes und Weisheit sind, die wir bestellen wollen zu diesem Dienst" (Apg.6,3). Diese Brüder wurden gefunden und das Problem gelöst. Und was auffällt, ist die von den Aposteln zur Berufungsvoraussetzung gemachte Gabe der Weisheit. Als einer von den Berufenen, Stephanus, später in Bedrängnis von den Juden geriet, heißt es über ihn: „sie vermochten nicht zu widerstehen der Weisheit und dem Geist, in dem er redete" (Apg.6,10).

- **Paulus.** Vom Apostel Paulus wird gesagt, dass er die Gabe der Weisheit hatte (2.Petr.3,15).

- **Gemeindeglieder.** Die Gabe der Weisheit ist kein Privileg von besonderen Mitarbeitern, wie Aposteln und Diakonen im Neuen Testament. Nach Jak.1,5 wird jedem Gläubigen zugesagt: „Wenn aber jemandem unter euch Weisheit mangelt, so erbitte er sie von Gott, der allen gern und ohne Vorwurf gibt, so wird sie ihm gegeben werden."

Mögliche Gefahren

Menschen mit der Gabe der Weisheit neigen zu Überheblichkeit und Hochmut. Es ist wichtig für den Weisen, an den Vorgaben der Heiligen Schrift festzuhalten: Der Weise „redet von der Weisheit" sagt Paulus (1.Kor. 12,8). Die Gabe der Weisheit macht den Gabenträger keineswegs zur Quelle der Weisheit. Durch die Gabe wird der Gabenträger nicht „allgemein weise". Der Weise bleibt ganz vom Geber der Weisheit abhängig. Er muss das, was er ausspricht vorher empfangen. Der Weise darf nur aussprechen, was Gott für weise und richtig hält.

Maßstäbe

Paul Toaspern hat recht, wenn er schreibt: „Weisheits- und auch Erkenntniswort sind Gaben, die in der Gemeinde und im persönlichen Leben nur in einem nahen Gebetskontakt mit Gott wahrgenommen werden können." In Apg. 6 wurden die Diakone berufen und die Apostel verlangten neben der Gabe des Geistes auch die Fülle des Geistes. Und bei Salomo lesen wir, dass er sich nicht nur ein weises, sondern auch vor allem ein gehorsames Herz erbat (1.Kön. 3,9). So setzt die Ausübung der Gabe der Weisheit persönliche Gemeinschaft des Begabten mit Gott voraus. Wie sollte er sonst das Wort empfangen? Und diese Gemeinschaft kann ohne Gehorsam nicht funktionieren. Das Beispiel der Berufung der Diakone in Apg. 6 zeigt aber auch, dass die Feststellung des Vorhandenseins der Gabe der Weisheit in den Bereich der Gemeinde gehört. Der Weise ist somit immer auch seiner Gemeinde gegenüber Rechenschaft schuldig.

9.4. Schritte in die Praxis

Definition

Die Gabe der Weisheit ist eine besondere Fähigkeit, die der Heilige Geist dem jeweiligen Glied am Leibe Christi gibt, um bereits erkannte Wahrheiten richtig und effektiv in der Praxis des Lebens und hier vor allem des Gemeindelebens anzuwenden. Der Weise erhält von Gott das nötige Wissen und so weiß er/sie, wie man die Dinge richtig tut.

Der mit *sophia* begabte Mensch verfügt über:

- ... ein gutes Grundwissen der Heiligen Schrift als Basis für weise Entscheidungen;
- ... einen scharfen Blick für die gegenwärtige Situation;
- ... eine unmittelbare Beziehung zum Heiligen Geist;
- ... ein Ohr für die Lösungen, die aus Gott kommen.

Wird die Gabe noch gebraucht?

Aber klar doch. Die Praxis des christlichen Lebens wirft unzählige Fragen auf. Wie wendet man die richtig erkannten Wahrheiten der Heiligen Schrift nun auch im Alltag an? Jemand hat einmal gesagt: „Das Christentum ist oft eine sehr theoretische Religion. Nur selten hat es mit den praktischen Fragen unseres Alltags zu tun." Leider stimmt diese Beobachtung nur allzu oft. Gerade hier will die Gabe der Weisheit Abhilfe schaffen. Menschen, die diese Gabe besitzen, werden uns ganz praktisch helfen können, unseren Glauben auch zu leben.

Wo kann sie eingesetzt werden?

Wer diese Gabe besitzt, kann in der Gemeindearbeit eingesetzt werden in:
- Diakonie,
- Seelsorge,
- Schulungsarbeit/Jüngerschaftsschulung,
- Konfliktlösung, Friedenstiftung, Mediation,
- Leitung von pastoral-praktischen Zweigen der Gemeindearbeit.

Habe ich die Gabe der Weisheit?

- Interessieren mich praktische Lebensfragen und suche ich nach Lösungen?

- Habe ich manchmal den Eindruck zu wissen, was im besagten Fall richtig wäre? Hat sich dieser Eindruck später bestätigt? Kommt so etwas oft vor?

- Habe ich den Blick für die Situation?

- Zwingen mich Probleme des Alltags, die Lösung zuerst bei Gott zu suchen?

Wer könnte bei uns in der Gemeinde die Gabe der Weisheit haben?

Am ehesten

Vielleicht

Möglicherweise

9.5. Gruppengespräch

A Was passiert in der Gemeinde, wenn die Gabe der Weisheit fehlt? Diskutiert die Frage vor dem Hintergrund von 1.Kor. 1.

B Wer kommt in der Gemeinde ohne die Gabe der Weisheit überhaupt nicht aus?

C Wie empfängt man ein Wort der Weisheit praktisch?

Lektion 10

DIE GABE DES WORTES DER ERKENNTNIS

10.1. Persönliche Besinnung

A Kennst du die Erfahrung der plötzlichen Erleuchtung? Du hast dich lange mit einem Thema beschäftigt und auf einmal trifft es dich und du hast es (verstanden?). Beschreibe diese Erfahrung näher. Was passiert da? Wie fühlt man sich dabei?

B Kennst du Menschen, von denen man sagt: „Der/Die hat den Durchblick." Was zeichnet diese Menschen aus? Nenne mindestens drei Merkmale:

1.

2.

3.

C Wenn du das Stichwort „geistliche Erkenntnis" hörst, was fällt dir dabei ein?

D Was verbirgt sich deiner Meinung nach hinter der Gabe des Wortes der Erkenntnis? Definiere die Gabe, ohne in den Text dieser Lektion zu schauen.

Die Gabe des Wortes der Erkenntnis ist:

10.2. Einblick

Leo fiel in der Jugendgruppe durch seinen „heißen Sätze" auf. Manchmal überfiel es ihn aus heiterem Himmel. Er konnte zum Beispiel mitten in den bunten Abend hinein aufstehen und sagen: „Freut euch nicht zu früh, heute werden einige von euch noch weinen müssen. Die Elke zum Beispiel." Alle lachten. Nur später, als sich Elke den Fuß auf dem Weg nach Hause brach und ins Krankenhaus musste, stieß Leos Satz vielen bitter auf. Oder als er seinem besten Freund nach dessen Unfall völlig aufgelöst mitteilte: „Das habe ich vorher schon gewusst, dass du heute einen Unfall baust." Oder wenn er einem Mädchen, das immer schnell dem Nervenzusammenbruch nahe war, sagte: „Du hast schwache Nerven, weil dir so viel Schlimmes passiert ist als du noch ganz klein warst." Dabei kannte er das Mädchen gar nicht näher. Als ich Leo fragte, woher er so etwas hat, da antwortete er: „Es kommt mir einfach so und ich habe den Eindruck, ja sogar das Bedürfnis, es aussprechen zu müssen." Nein, es sei nicht immer schon so mit ihm gewesen. Es begann kurze Zeit nach seiner Bekehrung. Manchmal machen ihm diese Erscheinungen Angst. „Und ich weiß einfach nicht, was ich damit tun soll", sagte er. Leo hatte eine Gabe – die Gabe des Wortes der Erkenntnis.

10.3. Blick in die Bibel

Text
1.Kor. 12,8

Begriff

Erkenntnis = grie gnoseos. Der griechische Begriff meint das verstehende Erfassen eines Gegenstandes oder Sachverhalts. Das Verb ginoskein kann daher als kennen lernen, erfahren, wiedererkennen und erkennen ins Deutsche übersetzt werden.[21] Die Folge von Erkenntnis ist Wissen. Wichtig ist zu bemerken, dass der Vollzug des Erkennens weder im griechischen noch im biblischen Gebrauch auf ein besonderes Sinnesorgan eingeschränkt wird. Es kann als spüren (Mk. 5,29; Lk. 8,46), merken (Mk.8,17; 12,12; u.a.), erkennen (Lk. 7,39; Mt. 12,15), erfahren (Mk. 5,43; Lk. 9,11), kund werden (Mt. 10,26; Phil. 4,5), wissen (Mt. 24,50; Lk. 2,43), kennen (Mt. 25,24; Lk. 12,47f) oder auch verstehen (Lk. 18,34; Apg. 8,30) wahrgenommen werden. Im Griechischen vollzog sich ginoskein im Umgang des Menschen mit seiner Umwelt, in der Erfahrung. Und so ist auch der alttestamentliche Begriff geprägt. Auch Gott wird durch Erfahrung (1.Sam. 14,12; Jer. 16,21), aber auch durch Besinnung (Spr. 1,4; 2,6) erkannt. Wichtig ist auch die Vorstellung, dass wahre Gotteserkenntnis immer von Gehorsam begleitet wird. Wer erkennt, erkennt auch an! Im NT ist diese Vorstellung prägend.

---
21 TWNT, Band 1, S. 688ff.

Aufgabe

Im Philipperbrief betet Paulus für die Gemeinde, „dass ihr reicher werdet an Erkenntnis und aller Erfahrung, so dass ihr prüfen könnt, was das Beste sei, damit ihr lauter und unanstößig seid für den Tag Christi, erfüllt mit Frucht der Gerechtigkeit durch Jesus Christus zur Ehre und zum Lobe Gottes" (Phil.1,9-11). Erkenntnis wird hier als Voraussetzung dafür gewertet, dass man den Willen Gottes erkennt und so zur Frucht der Gerechtigkeit gelangt. Ähnlich auch in Kol.1,9-11: „Darum lassen wir auch ... nicht ab für euch zu beten und zu bitten, dass ihr erfüllt werdet mit der Erkenntnis seines Willens in aller geistlicher Weisheit und Einsicht, dass ihr des Herrn würdig lebt, ihm in allen Stücken gefallt und Frucht bringt in jedem guten Werk und wachst in der Erkenntnis Gottes und gestärkt werdet mit aller Kraft durch seine herrliche Macht zu aller Geduld und Langmut." In 1.Kor. 1,5-6 bescheinigt Paulus den Korinthern, dass sie „in allen Stücken reich gemacht worden sind, in aller Lehre und in aller Erkenntnis." Und den Grund hierfür nennt er auch: „Denn die Predigt von Christus ist in euch kräftig geworden, so dass ihr keinen Mangel habt an irgendeiner Gabe ..." (V.6-7). Nach diesem Vers äußert sich die Gabe der Erkenntnis durch die Predigt und sie hilft dabei, der Gemeinde die Gaben des Christus zu zeigen und zu geben. In Röm. 15,14 lesen wir dazu folgende Worte: „Ich weiß aber selbst sehr wohl von euch liebe Brüder, dass auch ihr selber voll Güte seid, erfüllt mit aller Erkenntnis, so dass ihr euch untereinander ermahnen könnt ..." Hier bildet die Gabe der Erkenntnis die Voraussetzung zur gegenseitigen Ermahnung. Nach Kol.3,10 ist die Heiligung ein Weg hin zur Erkenntnis. Und durch die Erkenntnis wird erst ein Wachstum im Glauben (Phil.6), in der Gnade und dem Frieden (2.Petr.1,2) und in der Mäßigkeit möglich, die die Grundlage der Frömmigkeit bildet (2.Petr.1,6). Menschen mit der Gabe der Erkenntnis wurden ganz allgemein in der Gemeinde (1.Kor.12,8; Eph. 3,14-16) eingesetzt, aber auch im Befreiungsdienst und der Seelsorge (Hos. 6,3; Joh. 8,32; Da. 2,22), in der Evangelisation (Eph. 4,17-18; Joh. 17,3), in der Konfrontation mit den Feinden Gottes (Mt. 12,25; Mt. 22,18; Joh. 2,25), in der Klärung der Fragen der Zukunft (Pred. 8,7) und in der geistlichen Kampfführung (Pred. 9,12).

Mögliche Gefahren

In 1.Kor. 8,10-11 lesen wir vom unweisen Umgang mit der Erkenntnis, wobei der die Erkenntnis Besitzende gar am Tode des Bruders schuldig gemacht wird. Der Kampf um die richtige Erkenntnis findet in den Gedanken statt. In 2.Kor. 10,4-5 beschreibt Paulus die Methode der Kriegsführung. Der Sieg besteht in der Fähigkeit, jeden Gedanken dem Gehorsam Jesu Christi unterzuordnen.

Maßstäbe

• Zu allererst - die Liebe. In 1.Kor.13,2 wird ausdrücklich darauf hingewiesen, dass der Besitz aller Erkenntnisse ohne Liebe nichtig ist. Gemeint ist die aus Gott entstammende Liebe. Denn die Liebe Christi übertrifft alle Erkenntnis (Eph.3,19).
• Zum anderen: die Furcht des Herrn (Spr.1,7). Paulus weist darauf hin, dass die Erkenntnis erst dann vermittelt werden kann, wenn wir „nicht uns selbst predigen, sondern Jesus Christus" und zwar im Geiste der Unterordnung (2.Kor.4,5-6).
• Ausdrücklich weist er darauf hin, dass er sich in der Erkenntnis als Diener Gottes erwiesen hat und versuchte, keinen Anstoß zu erregen (2.Kor.6,3-6). Denn Erkenntnis zu haben bedeutet noch nicht, dass man damit weise umgeht.

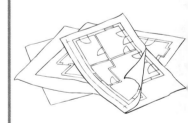

Definition

Die Gabe der Erkenntnis ist eine besondere Fähigkeit, die Gott einigen Gliedern am Leibe Christi gibt, die sie befähigt, besondere Einsicht in Gottes forderndem und begnadenden Willen zu erhalten und die mit einer gehorsamen und dankbaren Beugung unter das Erkannte verbunden ist. Menschen mit dieser Gabe suchen und finden eine Antwort auf die Frage: „Was will Gott von uns"? Er/Sie kann diese Antwort hören, sehen, fühlen, durch Besinnung und Nachdenken oder andere Wahrnehmungen. Der Erhalt der Antwort wird durch den Zustand des Friedens manifestiert und durch andere Quellen bestätigt. Die Gabe des Wortes der Erkenntnis hat eine ganz besondere Bedeutung im Leben des Volkes Gottes. Wo diese Gabe fehlt, da ist die Existenz des Volkes Gottes gefährdet (Hos. 4,6).

10.4. Schritte in die Praxis

Der mit *gnoseos* begabte Mensch verfügt über:

- ... ein ausgesprochenes Interesse für den Willen Gottes und die Bereitschaft, diesen Willen konsequent im Alltag umzusetzen;
- ... ausgesprochene Liebe zum Wort Gottes;
- ... die analytische Fähigkeit, den Willen Gottes allgemein und im Alltag zu begreifen;
- ... die Fähigkeit, das Erkannte effektiv im eigenen Leben anzuwenden;
- ... Intuition dafür, was Recht und was Unrecht ist.

Wo kann sie eingesetzt werden?

Menschen mit der Gabe der Erkenntnis werden in der Gemeinde benötigt in:

- Seelsorge,
- Jüngerschaftserziehung,
- Lehre,
- Hauskreisleitung,
- Diakonie.

Wird die Gabe noch gebraucht?

Ganz bestimmt. Die Lehre, dass nach der Fertigstellung des Neuen Testaments die Erkenntnis aufgehört hat, ist auf einer falschen Auslegung von 1.Kor.13,8 entstanden. Gerade heute, im Zeitalter des Pluralismus, wo man keine festen Maßstäbe mehr hat, wird Erkenntnis benötigt.

Habe ich die Gabe des Wortes der Erkenntnis?

- Werde ich von der Sehnsucht, den Willen Gottes für meinen Alltag zu erkennen, getragen?
- Habe ich oft den Eindruck, das wäre ein Wort Gottes für diese entsprechende Situation oder für diesen bestimmten Menschen?
- Kann ich das einmal Erkannte leicht übergehen oder treibt es mich um, bis ich es auch im eigenen Leben angewandt habe?
- Habe ich eine große Liebe zum Wort Gottes?

Wer könnte bei uns in der Gemeinde die Gabe des Wortes der Erkenntnis haben?

Am ehesten

Vielleicht

Möglicherweise

A Was ist biblisch gesehen die Gabe des Wortes der Erkenntnis?

10.5. Gruppengespräch

B Wo und warum wird diese Gabe im Leben einer Gemeinde gebraucht?

C Wer hat in unserer Gemeinde die Gabe der Erkenntnis? Wie äußert sich das?

D Manche Christen behaupten, die Gabe der Erkenntnis wird heute nicht mehr gebraucht. Wie kann man diesen Christen das Gegenteil beweisen?

Lektion 11

DIE GABE DER ERMAHNUNG

A Bist du schon einmal ermahnt worden? Wie ging es dir dabei? Beschreibe in kurzen Sätzen deine Erfahrung.

B Hast du schon einmal andere ermahnen müssen/sollen/ermahnt? Was hat dich dazu bewogen? Wie bist du vorgegangen?

11.1. Persönliche Besinnung

C Die Bibel ruft uns auf, einander zu ermahnen. Nenne einige wichtige Prinzipien biblischer Ermahnung, ohne die folgenden Ausführungen vorher zu konsultieren.

11.2. Einblick

Schwester Christina fiel in unserer Gemeinde eigentlich überhaupt nicht besonders auf. Und doch schien jeder, der sie kannte, sie zu schätzen. „Sie betet für mich", sagten einige, „und wenn sie dir was sagt, dann kommt das immer zu rechten Zeit." Mir sagte Christina bald auch etwas. Ich hatte mich an einer Diskussion in der Gemeindeversammlung beteiligt, die leider etwas turbulent verlief. Mein Beitrag wurde von den meisten Anwesenden wohlwollend gehört. Andere schienen damit eher Mühe zu haben. Da ich mich aber im Recht wähnte, tat ich ihre Reaktionen schnell ab. Christina hielt mich nach der Stunde an und sagte fast nebenbei: „Das hätte ich an deiner Stelle eher anders gesagt. Du hattest ja recht, aber der Ton deiner Worte war alles andere als richtig. Du hast einige Geschwister verletzt. Es wäre besser, du würdest dich bei ihnen entschuldigen.". Ich setzte gerade an, um mein Verhalten zu „erklären", da nahm sie mich an die Hand und sagte fast verschwörerisch: „Ich werde dafür beten, dass du es kannst, ohne dich rechtfertigen zu müssen." Dann ging sie. Ihre Worte saßen so tief, dass ich mich bald wirklich entschuldigte und zusehen konnte, wie sich die Gegner meiner Meinung auf einmal einsichtig zeigten. Diese Erfahrung verlieh mir großen Respekt vor den Worten der Schwester Christina. Und Worte hatte sie für mich noch einige.

11.3. Blick in die Bibel

Text

Röm. 12,8

Begriff

Ermahnung = griechisch "paraklesei", ein im NT zentral gebrauchter Begriff. Ermahnen, griechisch parakalein, ist kein negativer Begriff, im Sinne von zur Rede stellen oder zurechtzuweisen. Vielmehr meint das Wort so etwas wie Hilfe herbeirufen, ermuntern, trösten, zusprechen, ermutigen. Mit dem gleichen Wort wird der Heilige Geist in Joh. 14,16 bezeichnet. Luther hat hier das Wort als Beistand übersetzt. Bei der Ermahnung geht es wohl auch vor allem um einen geistlichen Beistand. Modern ausgedrückt finden wir hier den eigentlichen Begriff für Seelsorge. Die Gabe des Ermahnens ist daher auch die Gabe des Seelsorgers. Im Neuen Testament wird daher „paraklesei" auch als Ermutigung, Trost, Hilfe übersetzt (2.Kor. 1,3-7; 1.Thess. 2,11; 1.Thess. 5,14; 1.Tim. 5,1 u.a.).

Aufgabe

Im Johannesevangelium heißt es über den Tröster, sprich den Parakleten, dass Er der Welt die Augen auftun wird: über die Sünde, über die Gerechtigkeit und über das Gericht (Joh.16,8).

Parakalesis, Ermahnung hat viel mit diesem „die Augen auftun" zu tun. Es kann ein mahnendes und ermutigendes Unterweisen sein, so geschehen in Apg.14,22, als Paulus und sein Team nach Lystra, Ikonion und Antiochien zurückkehrten und dort die Jünger stärkten und ermahnten, im Glauben zu bleiben. Ähnlich auch in Thessaloniki. Paulus schreibt über seinen Dienst an diesem Ort: „Denn ihr wisst, dass wir wie ein Vater seine Kinder einen jeden von euch ermahnt und getröstet und beschworen haben, euer Leben würdig des Gottes zu führen, der euch berufen hat zu seinem Reich und zu seiner Herrlichkeit" (1.Thess.2,11-12). Oder „Parakalesis" wird übersetzt als ein Trost in der Trübsal (2.Kor.1,3-7).

Toaspern formuliert richtig, wenn er schreibt: „Ermahnung trägt meist durchgängig den Grundzug des Ermutigens, des Zurechtbringens." So auch im konkreten Fall von Evodia und Syntiche, zwei Mitstreiterinnen des Apostel Paulus, die im Streit miteinander lagen. Paulus schreibt dazu in Phil.4,2: „Evodia ermahne ich und Syntiche ermahne ich, dass sie eines Sinnes seien in dem Herrn".

Weitere Beispiele im NT finden sich bei Jesus (Lk. 3,18), Petrus (Apg. 2,40), Barnabas (Apg. 11,22-23), Paulus und Barnabas (Apg. 14,22) und Judas und Silas (Apg. 15,32).

Lehrer und Leiter der Gemeinde, ja die Gemeinde selbst wird im NT zur Paraklese verpflichtet: siehe 1.Tim.4,13; 2.Tim. 4,2; Tit. 1,9; Hebr. 3,13; 1.Thess 5,14; u.a. Ein kurzer Überblick über die Texte zur Ermahnung zeigen, dass die Gabe in folgenden Bereichen eingesetzt wurde:

- Ganz allgemein in der Gemeinde (Röm.12,8; 1.Thess. 5,14; Apg. 11,22f u.a.);
- Im besonderen Dienst der Seelsorge (1.Thess. 2,1ff);
- In der evangelistischen Verkündigung (Apg. 2,40);
- In der aufbauenden Rede vor den Gläubigen (Apg. 11,22f; 14,22; 15,32);
- In der Einzelseelsorge (1.Tim. 4,13 u.a.).

Mögliche Gefahren

Die größte Gefahr besteht im Missbrauch. In keiner anderen Religion wird so viel ermahnt, wie im Christentum. Und je konservativer ein Kreis desto ausgeprägter. Dabei geht es nur selten um biblische Ermahnung, sondern um ein unbiblisches Zurecht-Schelten. Wollten wir heute wieder Ermahnung biblisch praktizieren, so sollten wir zunächst einmal dem Wort gehorchen und nur dann ermahnen, wenn wir dazu die Gabe erhalten haben.

Maßstäbe

- Man kann nur trösten und ermahnen, wenn man selbst Trost und Ermahnung empfangen hat (2.Kor. 1,3-7). Biblisches Ermahnen setzt bestimmte Gegebenheiten voraus: Einerlei Sinn, gleiche Liebe, Einmütigkeit und Eintracht.

- Ermahnung darf nicht aus Eigennutz und um eitler Ehre willen praktiziert werden, sondern in Demut und gegenseitiger Wertschätzung. Die Grundlage des biblischen Ermahnens ist das Vorhandensein der Gesinnung Christi (Phil.2,1-11). Ähnlich beschreibt Paulus den Grund für seine Ermahnung in Thessaloniki (1.Thess.2,3ff).

- Biblische Ermahnung setzt die Treue zum Wort Gottes voraus (Titus 1,9).

- Von sich selbst schreibt Paulus, er habe es in Sanftmütigkeit getan (2.Kor.10,1) und im Herrn (1.Thess.4,1). Und er befiehlt es anderen, ebenso zu tun (2.Thess. 3,12). Dabei spielt Geduld eine wichtige Rolle. An Timotheus schreibt Paulus: „... strafe, drohe, ermahne mit aller Geduld" (2.Tim.4,2).

- Die Ausübung der Ermahnung ist eine Familiensache. An Timotheus schreibt Paulus: „Einen Älteren fahre nicht an, sondern ermahne ihn wie einen Vater, die jüngeren Männer wie Brüder, die älteren Frauen wie Mütter und die jüngeren Frauen wie Schwestern, mit Anstand" (1.Tim.5,1-2).

11.4. Schritte in die Praxis

Definition

Die Gabe der Ermahnung/Ermutigung ist eine besondere Fähigkeit, die Gott einigen Gliedern am Leibe Christi gibt, Menschen auf ihre Fehler hinzuweisen und sie zu ermutigen, diese mit Gottes Hilfe zu beseitigen. Die Gabe der Ermahnung ist einem Glied am Leibe Christi gegeben, um die Gläubigen zu ermuntern, Gottes Willen zu tun, sie zurechtzuweisen und ihnen zu helfen, geistlich zu wachsen und wo nötig auch Heilung zu erleben.

Der mit *paraklesei* begabte Mensch verfügt über:

- ... einen klaren Blick für geistliche Zusammenhänge und mögliche Missstände, die geistliche Reife verhindern;

- ... Einfühlsamkeit, die den Betroffenen auf seine Lage hinzuweisen hilft, ohne dass dieser dabei verletzt wird;

- ... „das rechte Wort zur rechten Zeit", das die Lösung der Probleme ermöglicht.

Wird die Gabe noch gebraucht?

Und ob! Geistliches Wachstum ist ohne bewusste Zurechtweisung nicht denkbar.

Wo kann sie eingesetzt werden?

Vor allem in der Seelsorge, aber auch in:

• der Jüngerschaftsschulung,

• Hausbesuchen,

• verschiedenen altersspezifischen Zweigen der Gemeindearbeit,

• Hauskreisarbeit,

• Familien- und Eheseelsorge und -beratung,

• Telefon-Seelsorge,

• Mentoring,

• Sterbebegleitung, u.a..

Habe ich die Gabe der Ermahnung?

• Sehe ich geistliche Zusammenhänge und die dazugehörenden Missstände?

• Kann ich mich in die Lage eines Menschen einfühlen?

• Kann ich ermutigen?

• Habe ich Geduld mit anderen?

Wer könnte bei uns in der Gemeinde die Gabe des Ermahnens/Ermutigens haben?

Am ehesten

Vielleicht

Möglicherweise

A Warum hat in vielen christlichen Kreisen die Ermahnung einen eher negativen Ruf?

B Was sagt die Bibel über Ermahnung?

C Welche Voraussetzungen sollte ein Paraklet mitbringen?

D Wie kann man in der Gemeinde eine Atmosphäre des gegenseitigen geistlichen Ermutigens aufbauen? Was müsste bei uns ganz praktisch geschehen, damit wir einander ermahnend aufbauen?

11.5. Gruppengespräch

68

Lektion 12

DIE GABE DES REDENS GÖTTLICHER WORTE (PREDIGT)

A Nenne jeweils drei Merkmale guter bzw. schlechter Predigt.

Eine gute Predigt ist:

1.

2.

3.

Eine schlechte Predigt ist:

1.

2.

3.

12.1. Persönliche Besinnung

B Hast du einen Lieblingsprediger? Was zeichnet diesen Prediger aus?

12.2. Einblick

„Wer predigt heute?" diese Frage wird sicher in vielen nicht-pastoralen Gemeinden gestellt. Wenn man in unserer kleinen Gemeinde den Namen Solomon hörte, dann erschienen viele zum Gottesdienst ausgerüstet mit einer Bibel und Schreibzeug. Der Jude Solomon war ein faszinierender Prediger. „Wenn der spricht, dann ist mir so, als hätte Gott zu mir persönlich geredet", pflegten einige Gemeindeglieder zu sagen. Dabei war Solomon kein gewaltiger Rhetoriker und auch sein Wissenshorizont war eher eingegrenzt. „Ich rede, was Gott zu mir spricht". Mit diesen schlichten Worten beschrieb Solomon selbst das Geheimnis seiner Popularität. Immer, wenn ich es anders versuchte, wurde aus der Predigt nichts. „Ich bin halt kein Redner, sondern nur ein Mund, den Gott benutzt."

12.3. Blick in die Bibel

Text

1.Petr. 4,11

> **Begriff**
>
> Reden der Aussprüche Gottes = Griechisch lalei os logia teou. Der Begriff setzt sich aus laleo = allgemein verständliches Reden, im Gegensatz zum Schweigen (Mk. 1,34; Lk. 4,41), zum Hören (Jak. 1,19) oder Handeln (Jak. 2,12) und logia teou = Worte, Sprüche, Konzepte Gottes (Vgl. Apg. 7,38; Röm. 3,2; Hebr. 5,12).

Was ist die Aufgabe des Predigers?

Zunächst einmal bedeutet es, was der Begriff besagt - zu predigen. Die Meinung, ein Prediger ist zugleich auch eine Art Gemeindeleiter, lässt sich aus der Heiligen Schrift nicht automatisch herauslesen. Der Apostel Paulus nannte sich Prediger und beschrieb seine Aufgabe wie folgt:

So ermahne ich nun, dass man vor allen Dingen tue Bitte, Gebet, Fürbitte und Danksagung für alle Menschen, für die Könige und für alle Obrigkeit, damit wir ein ruhiges und stilles Leben führen können in aller Frömmigkeit und Ehrbarkeit. Dies ist gut und wohlgefällig vor Gott, unserm Heiland, welcher will, dass allen Menschen geholfen werde und sie zur Erkenntnis der Wahrheit kommen. Denn es ist ein Gott und ein Mittler zwischen Gott und den Menschen, nämlich der Mensch Christus Jesus, der sich selbst gegeben hat für alle zur Erlösung, dass dies zu seiner Zeit gepredigt werde. Dazu bin ich eingesetzt als Prediger und Apostel - ich sage die Wahrheit und lüge nicht, als Lehrer der Heiden im Glauben und in der Wahrheit.

Das Ziel der Predigt ist hier Ermahnung der Gläubigen mit der Absicht, diese sowohl zu einem ruhigen Leben in der Gesellschaft, als auch zu einer missionarischen Existenz anzuregen. Die Predigt zielt also auf die Entstehung und Vertiefung des Glaubens (Röm. 10,4). Auffällig ist, dass die Gabe der Predigt hier in Verbindung mit der des Apostels und des Lehrers gebraucht wird. Als Resultat der geistgewirkten Predigt wird Buße (Mt.12,41); Seligkeit (1.Kor. 1,21) und Geistempfang berichtet (Gal.3,2).

Mögliche Gefahren

- Unweiser Gebrauch des Wortes Gottes (Jer. 23,28);

- Predigt ohne Auftrag (Mi. 2,11); man predigt sich selbst, was die Apostel nicht taten (2.Kor. 4,5);

- Predigt aus Neid (Phil. 1,15);

- Verkündigung eines falschen Evangeliums (Gal. 1,19; 2.Kor. 11,14)

Maßstäbe

- Berufung, Begabung und Sendung (Mk. 3,14; 2.Tim. 2,7; u.a.);

- Getrieben vom Heiligen Geist (2.Petr. 1,21). Der Verkündiger ist nicht einfach jemand, der bekannte Tatsachen der Offenbarung aneinanderreiht, sondern er wird vom Heiligen Geist mit dem Wort beschenkt;

- Als Wort vom Glauben (Röm.10,8). Der Verkündiger lebt im Glauben, erhält das Wort im Glauben und sucht Glauben durch seine Rede zu bewirken.

Definition

Die Gabe des Redens göttlicher Worte oder der Verkündigung göttlicher Worte ist einem Glied am Leibe Christi gegeben, um das ihm anvertraute Wort Gottes verständlich und anwendbar an seine Hörer weiterzugeben. Bei dieser Gabe handelt es sich um eine generelle Fähigkeit zur effektiven Kommunikation. In der Praxis wird diese Gabe immer gepaart sein mit einer anderen Wortgabe.

12.4. Schritte in die Praxis

Der zur Predigt begabte Mensch verfügt über:

- ... die Fähigkeit, das Wort Gottes zu empfangen und es dann effektiv zu vermitteln.

- ... eine weitere Gabe des Wortes, die sein Wort qualifiziert, so z. B. der Erkenntnis, der Weisheit/Prophetie, Lehre oder Evangelisation.

Wo kann sie eingesetzt werden?

Menschen mit der Gabe der Predigt können eingesetzt werden in:

- Verkündigung aller Art,

- Seelsorge,

- Schulung und Ausrüstung der Gläubigen zum Dienst,

- Evangelisation.

Wird die Gabe noch gebraucht?

Ja, die Gabe wird gebraucht, solange wir vom Hören des Wortes des Herrn und nicht in unmittelbarer Gemeinschaft mit dem Herrn leben (Röm. 10,14).

Habe ich die Gabe der Verkündigung?

- Habe ich eine Gabe des Wortes vom Herrn empfangen? Welche?

- Werde ich beim Lesen der Bibel vom Wort Gottes für andere angesprochen?

- Spüre ich manchmal in mir den Drang, biblische Wahrheiten an andere weiter sagen zu müssen?

- Haben andere Christen in meinem Reden den Verkündiger an mir entdeckt? Werde ich ermutigt auch mal zu predigen?

Wer könnte bei uns in der Gemeinde die Gabe der Verkündigung haben?

Am ehesten

Vielleicht

Möglicherweise

12.5. Gruppengespräch

A Was verbirgt sich hinter der Gabe des Redens des göttlichen Wortes?

B Was zeichnet einen Verkündiger in der Bibel aus?

C Haben alle Prediger die gleiche Gabe?

D Wie wird man zum Prediger?

E Dürfte auch eine Frau predigen?

F Wie viele Prediger braucht eine Gemeinde?

ZWISCHENERGEBNIS: Gaben in der Gemeinde

Wir haben uns nun in mehreren Stunden die Gaben der geistlichen Leitung der Gemeinde näher angesehen. Dabei ging es auch immer wieder darum, sowohl sich selbst als auch die anderen Mitglieder der Gruppe mit dem jeweiligen Gabenprofil zu vergleichen und eine mögliche Einordnung vorzunehmen. An dieser Stelle sollen die Ergebnisse zusammengetragen werden. Es ist empfehlenswert, auch andere Gemeindemitglieder, die nicht am Jüngerschaftskreis teilnehmen, in die Überlegungen einzubeziehen. Folgende Liste sollte als Ergebnis des Gesprächs ausgefüllt werden.

GABE	evident	latent	nicht vorhanden
Weisheit			
Erkenntnis			
Ermahnung			
Verkündigung			
Prophetie			
Lehre			

Teil IV: Gaben des Dienstes

Die dritte Gruppe der Gaben des Heiligen Geistes kann unter dem Stichwort Dienst zusammengefasst werden. Es handelt sich dabei um folgende Gaben: Dienst, Helfen, Leitung, Verwaltung, Geben, Barmherzigkeit, Geisterunterscheidung, Glaube, Musik, Dämonenaustreibung, Gebet, Heilung und Gastfreundschaft. Sie werden alle den Gliedern am Leibe Christi gegeben zur Befähigung für das von Christus vorgesehene und zuvor vorbereitete Werk des Glaubens (Eph.2,10).

Lektion 13

DIE GABE DES DIENSTES

13.1. Persönliche Besinnung

A Was verbindest du mit dem Wort DIAKON, bzw. DIAKONIN? Kennst du Diakone aus deiner Gemeindepraxis? Welche Aufgaben übernehmen Diakone?

B Inwieweit haben Diakone Einfluß auf dein Leben ausgeübt? Nenne zwei konkrete Beispiele!

1.

2.

13.2. Einblick

Helga lebe irgendwo in Herford, hatte man mir gesagt, ohne jedoch ihre genaue Anschrift zu nennen. Sie sei bekannt, fügte man zu. Ich würde sie auf jeden Fall mühelos finden. Zugegeben, ich war nicht besonders davon überzeugt, aber die Situation drängte, und ich musste unbedingt mit dieser Frau reden. So fuhr ich los. An der ersten Tankstelle hielt ich und fragte nach Helga F. und tatsächlich, das Gesicht der Frau hinter der Kasse leuchtete auf, und sie nannte mir den Stadtteil, wo Helga lebte. Ich fuhr hin und bald schon stand ich vor der Tür der bekannten Frau. „Wie kommt es, dass man Sie in Herford so kennt?", fragte ich neugierig, nachdem wir uns etwas näher bekannt gemacht hatten. „Weiß ich auch nicht so genau", antwortete die recht bescheiden wirkende Frau. „Die einen habe ich im Krankenhaus besucht, weil sie so neu in unserer Stadt waren und ich davon ausging, niemand sonst würde sie besuchen; den anderen half ich, die Geburtstagsfeier zu organisieren und den dritten ... nun, es gibt immer eine Not, die nach einem Helfer sucht", sagte sie und schwieg wieder. Als ich später in ihrer Gemeinde nachfragte, sprudelte es aus den Menschen regelrecht heraus: „Die Helga braucht man nicht erst zu bitten, sie sieht, wo der Schuh drückt und gibt nicht eher nach, bis Abhilfe geschaffen ist. Sie ist nicht von ungefähr unsere Diakonin in der Gemeinde".

13.3. Blick in die Bibel

Text

Röm. 12,7; 1.Petr. 4,11

Begriff

Dienst = griechisch diakonia, ist ein im Neuen Testament weit verbreiteter Begriff, der sich vom Verb diakoneo ableitet und so viel wie am Tisch dienen (Lk. 17,8; Joh. 12,2), für den Lebensunterhalt zu sorgen (Mk. 1,13; Mt. 4,11; Apg. 6,2) oder auch überhaupt christliche Liebestätigkeit gegenüber dem Nächsten (Lk. 8,3; Mt. 27,55) meint.[22] In einigen deutschen Übersetzungen wird Dienst mit Amt übersetzt, was weniger zutrifft. Der Begriff hat sowohl eine soziale Dimension als auch soziale Intention. Wer dient, hilft, Probleme im konkreten sozial-materiellen Leben zu lösen.

---

22 TWNT, Band 2, S. 81ff.

Aufgabe

Die Diakone in der Gemeinde zu Jerusalem waren vor allem mit dem Dienst der leiblichen Versorgung beschäftigt (Apg.6,1ff). Stephanus war jedoch als Diakon auch evangelistisch aktiv (6,10f). Phöbe war eine Diakonin in der Gemeinde zu Kenchrea (Röm. 16,1ff). Von Johannes Markus sagt Paulus, dass dieser ihm nützlich war zum Dienst (2.Tim. 4,11), und das, obwohl dieser bei seinem ersten Dienst nicht treu gewesen war (Apg.13,5ff). Ähnlich spricht Paulus auch von Tychikus, der ihm zu Diensten stand. Paulus nennt ihn wiederholt einen treuen Diener (Eph.6,21; Kol.4,7-8). Er wurde von Paulus wiederholt zu Gemeinden gesandt, um dort Berichte abzugeben (Kol.4,7-8; 2.Tim.4; 12, u.a.). Stephanus und die Seinen taten den Dienst an den Heiligen (1.Kor. 16,15). Da Paulus von ihrem Haus spricht, nahmen sie vermutlich die Christen bei sich auf und versorgten sie hier.

Mögliche Gefahren

Menschen mit der Gabe des Dienstes stehen in der Gefahr, sich ausnutzen zu lassen. Wer dienen will und kann wird schnell überladen. So kann der Dienst zu einer recht mühsamen Übung werden und Unzufriedenheit, Murren und Resignation verursachen.

Maßstäbe

Jesus setzt die Aufgabe des Dienstes so hoch an, dass er sich selbst als Diener bezeichnet. Als die Jünger eines Tages in einen Streit über die Frage, wer denn unter ihnen der Größte sei gerieten, antwortete ihnen der Herr mit den Worten: „... der Größte unter euch soll sein wie der Jüngste, und der Vornehmste wie ein Diener." Und damit die Jünger die Bedeutung dieser Aussage auch wirklich erfassen, fügte Er hinzu: „Ich aber bin unter euch wie ein Diener" (Lk. 22,24-27).

Der Dienst des Dieners ist also nicht einfach nur eine praktische Aufgabe, die jeder/jede tun könnte. In Apg. 6,1-7, als in der Gemeinde die ersten Diakone berufen wurden, verlangten die Apostel, dass diese Männer „voll des Heiligen Geistes und Weisheit" sein sollten. Schließlich gibt Paulus in 1.Tim. 3,8-13 einige wichtige Hinweise, wie die Diener, die in das Amt des Dienstes berufen werden, sein sollen. Sie sollen:
- ehrbar sein (d.h. einen guten Ruf haben, Menschen sein, die man loben könnte),
- nicht doppelzüngig (ehrliche und geradlinige Menschen),
- keine Säufer (nicht zu viel Wein trinken),
- nicht schändlichen Gewinn suchen (nicht auf eigene Bereicherung aus sein),
- reines Gewissen haben,
- nur mit einer Frau verheiratet sein (bitte beachte die Zeitform Präsens - es meint nicht, dass man überhaupt nur mit einer Frau verheiratet gewesen sein sollte, sondern jetzt Mann einer Frau zu sein),
- seinem Haus gut vorstehen.

Nicht nur die Diakone selbst, sondern auch ihre Ehepartner sollen gewisse Qualitäten vorweisen. Paulus erwähnt hier vor allem vier Punkte:
- wie die Männer sollen sie ehrbar sein,
- nicht verleumderisch (keine Klatschtanten - weil sie eben mehr wissen als andere stehen sie auch in besonderer Gefahr, über die Menschen zu reden),
- nüchtern (nicht von ihren Gefühlen hin und her gerissen),
- treu in allen Dingen.

Paulus schließt seine Berufungsbedingung mit dem Hinweis ab, dass wenn die Diener ihren Dienst gut versehen werden, sie Ansehen, sprich Autorität, bei den Menschen haben werden und eine große Zuversicht im Glauben an Christus Jesus. Darin kann nun auch der Test gesehen werden. Hat ein Diakon auf die Dauer kein gutes Ansehen in der Gemeinde und beschränkt sich seine Autorität nur auf das Amt, so ist er/sie wahrscheinlich fehl am Platz - entweder weil keine Gabe des Dienstes vorhanden ist, oder weil man noch geistlich unreif für das Amt war. Eine solche Person sollte vom Dienst zurückgenommen werden und erst geistlich geschult werden.

Definition

Mit der Gabe des Dienstes erhält das jeweilige Glied am Leibe Christi eine besondere Befähigung, die Notwendigkeit bestimmter praktischer Aufgaben im Leben einer Gruppe von Christen oder auch im individuellen Leben von Christen zu erkennen und dann auch praktisch anzupacken und sie am Ende effektiv zu erledigen.

Der mit *diakonia* begabte Mensch verfügt über ...

- ... einen klaren Blick für soziale und materielle Probleme und Missstände;
- ... die organisatorische Fähigkeit, Abhilfe zu organisieren;
- ... die handwerkliche Fähigkeit, auch selbst an der Lösung der Probleme zu arbeiten.

13.4. Schritte in die Praxis

Wo kann sie eingesetzt werden?

Menschen mit der Gabe des Dienstes können eingesetzt werden in:

- Leitung und Ausführung praktisch-diakonischer Aufgaben in der Gemeinde,
- Gästebetreuung,
- Raum-, Gartenpflege,
- Kassetten-, Literatur-, Traktatdienst,
- Abhol-, Bringedienst, Ordnerdienste,
- Versorgung von Armen und Bedürftigen,
- Soziale Betreuung von Asylanten,
- Technische Dienste in der Gemeinde,
- Lokales Radio und Fernsehen und Ähnliches,
- Unterstützer für Missionare, Evanglisten und Apostel,
- Zeltdiakone.

Wird die Gabe noch gebraucht?

Die Frage erübrigt sich wohl. Gerade in einer so stark technisierten Welt, in der wir leben, werden die Dienste der Diakone und Diakoninnen dringend gebraucht.

Habe ich die Gabe des Dienstes?

- Sehe ich die soziale Not um mich herum, oder übersehe ich sie eher?

- Sprechen mich die materiellen und sozialen Nöte der Menschen überdurchschnittlich an?

- Sehe ich schnell Wege zur Abhilfe? Kommen mir kreative Ideen, wie ich oder wir als Gemeinde helfen können?

- Kann ich andere Geschwister zur Lösung erkannter Probleme organisieren?

Wer könnte bei uns in der Gemeinde die Gabe des Dienstes haben?

Am ehesten

Vielleicht

Möglicherweise

A Was bedeutet Dienst in der Heiligen Schrift?

B Was empfinden Menschen mit der Gabe des Dienstes?

C Wo können, müssen dienstbegabte Menschen in der Gemeinde eingesetzt werden?

D Warum werden in unseren Gemeinden so selten Frauen zum Dienst einer Diakonin berufen?

E Was sollten Diakone in der Gemeinde tun?

F Wie werden Diakone berufen und in ihren Dienst eingesetzt?

13.5. Gruppengespräch

Lektion 14

DIE GABE DER HILFELEISTUNGEN

14.1. Persönliche Besinnung

A Hat man dir schon mal im Leben so entscheidend geholfen, dass du dir ohne diese Hilfe dein jetziges Leben nicht vorstellen kannst? Wer war das und wie ging das vor sich?

B Was ist dir über die Gabe der Hilfeleistungen bekannt? Beschreibe diese Gabe mit eigenen Worten.

C Fällt es dir leicht, Hilfe anzunehmen? Von welchen Menschen nimmst du gerne Hilfe an? Nenne mindestens drei Charakterzüge solcher Menschen:

Charakterzüge	Konkrete Person, die einen solchen Charakterzug hat	Konkrete Person, die einen solchen Charakterzug hat
1.		
2.		
3.		

14.2. Einblick

Peter fiel in der Gemeinde kaum auf. Er kam oft sehr früh zum Gottesdienst und ging meist als letzter, ohne dass er viel mit den Gottesdienstbesuchern sprach. Als er mir eines Tages auffiel, dachte ich, er sei einsam und besuchte ihn. Aber mein Hausbesuch wurde zu einer angenehmen Überraschung. Nicht nur hatten Peter und seine Frau mir eine große Kaffeetafel gedeckt, sie brachten bald auch eine Reihe von Anliegen vor, die ich als Pastor der Gemeinde sicher kennen sollte. Dann schossen sie los. Die Müllers z. B. seien so sehr in die Kinder- und Jugendarbeit eingebunden, dass bei ihnen zu Hause alles liegen bleibe. Es sei doch sicher kein gutes Zeugnis für die Gemeinde, wenn Mitarbeiter nicht verantwortungsbewusst ihren Haushalt führen können. Gerne würde Peter ihnen helfen, wüsste aber nicht, wie man das Ganze anzetteln solle, ohne die Müllers zu beleidigen. „Ich weiß schon, dass sie unbedingt in der Gemeindearbeit bleiben müssen und da muss man ihnen als Gemeinde doch helfen, oder?", fragte er mich. Ich nickte. Und die Beckers ... eine weitere aktive Familie der Gemeinde, und ... Peter hatte zu meinem Erstaunen einen genauen Einblick in das Leben vieler Familien der Gemeinde. Und er schien Sachen zu sehen, an die ich nie gedacht hatte. Praktische Sachen eben, die im intensiven Einsatz unerledigt blieben. Nach diesem Gespräch nahm ich meinen Peter genauer unter die Lupe, und bald hatte ich noch mehr Grund zu staunen. Vor dem Gottesdienst zum Beispiel lief er durch die Gemeinde und rückte die Stühle zurecht, sammelte hier und da noch Müll vom Fußboden und achtete darauf, dass die Mitarbeiter, die am Gottesdienst beteiligt waren, schnell ihre Kinder abgaben und zur Sache kommen konnten. „Komm schon Linda, überlass mir den Manuel", sagte er zum Beispiel zu der Pianistin, die wie immer in allerletzter Minute ins Gemeindehaus stürmte. Er nahm ihr den Jungen ab und dieser folgte freudig. Manuel kannte Onkel Peter offensichtlich schon lange. Anderen nahm er den nassen Regenschirm ab oder stand mit dem Liederbuch bereit. Und nach dem Gottesdienst wiederholten sich die Szenen. Niemand schien Peters Dienst besonders zu bemerken. Irgendwie ging jeder fast selbstverständlich von dem aus, was der Mann tat. Linda wurde gelobt für ihre Musik, ich für meine Predigt, aber Peter ... Als ich ihn darauf ansprach, lächelte er nur verschmitzt und sagte: „Ach Pastor, man muss doch nicht immer gelobt werden. Ich helfe ja nur ..."

14.3. Blick in die Bibel

Text

Röm. 12,28

Begriff

Hilfeleistungen = der griechische Begriff antilempsis vom Verb antilambanomai wird vorwiegend im Sinne einer bewussten Anteilnahme am Werk des anderen gebraucht. Hier ist der Begriff im Plural gebraucht. Gemeint ist Hilfe, die sich das Werk mit jemand anderem teilt (2.Mo. 18,22). Der Akzent fällt dabei auf die ernsthafte Bemühung um das Werk (oder auch Person – 1.Tim. 6,2) des Nächsten. Die Art der Hilfe ist allerdings nicht festgelegt.

Aufgabe

Die Konturen dieser Gabe sind im Neuen Testament, sucht man sie nach dem in 1.Kor. 12,28 angeführten Begriff, eher unklar. Die Sache selbst lässt sich allerdings an vielen Stellen wiederfinden. Da ist zunächst einmal unser Herr selbst. Von Ihm wird berichtet, dass er unzähligen Menschen half, so zum Beispiel den Kranken (Mk.1,34). Unnachahmbar ist die Bereitschaft Jesu und sein praktisches Beispiel des Dienstes, das er setzte, als er den Jüngern die Füße wusch (Joh.13,1ff).

Über die Schwiegermutter von Petrus wird gesagt, dass sie nach der Heilung ihres Fiebers durch Jesus sofort begann, die Anwesenden zu bedienen (Lk.4,39).

Auch Paulus berichtet über eine Reihe von Mitarbeitern, die ihm beigestanden haben, d.h., ihm eine Hilfe waren. Einige seiner Briefe wurden von Helfern geschrieben, so z. B. der Römerbrief, den Tertius schrieb (Röm.16,22). Über Phöbe sagt er, sie habe ihm und vielen anderen beigestanden und Prisca und Aquila haben für ihn ihr Haus frei gegeben (Röm.16,2-3). Und Epaphroditus lobt er, weil er ihm ein Helfer in der Not war (Phil.2,25).

Andere Beispiele können hier angeführt werden. Sie bestätigen alle, dass die Träger der Gabe des Helfens eine besondere Aufgabe vom Herrn erhalten haben, für andere Christen zu sorgen, damit deren Dienst effektiv gestaltet werden kann.

Maßstäbe

Sicherlich die gleichen, die auch für die Diener schon erwähnt wurden und die für alle Mitarbeiter Gottes gelten. Über diese wird in der Schrift gesagt:

- Wir tun, was wir tun, nicht für die Menschen, sondern für Gott (1.Kor.3,9).
- Wir dienen nicht, weil wir es aus uns heraus können, sondern aus der Kraft Gottes (1.Petr.4,11).
- Wir helfen aus Liebe. Paulus beschreibt seinen Dienst in Thessaloniki mit den Worten: „So hatten wir Herzenslust an euch und waren bereit, euch nicht allein am Evangelium teil zu geben, sondern auch an unserem Leben, denn wir haben euch lieb gewonnen" (1.Thess.2,8).
- Treue in der Arbeit (1.Kor.4,1-2).
- Nicht abnehmen, sondern zunehmen in dem uns anbefohlenen Werk ist uns angetragen (1.Kor.15,58).

Definition

Die Gabe der Hilfeleistungen ist eine besondere Fähigkeit, die Gott einigen Gliedern am Leibe Christi gibt, die sie befähigt, andere Gläubige bei der Ausübung ihres Werkes zu unterstützen.

Der Helfer verfügt über:

- ... einen klaren Blick für das Werk, das Gott durch den Bruder oder die Schwester tun will und kann;
- ... die Fähigkeit, sich ganz in die Sache eines anderen hineinzudenken und dann, wo immer möglich, Freiräume zu schaffen, dass das von Gott durch den Nächsten angefangene Werk zu Ende geführt werden kann;
- ... die Fähigkeit, selbstlos zu dienen;
- ... die Ausdauer und Geduld, solange zu helfen, bis das angepeilte Ziel erreicht ist.

14.4. Schritte in die Praxis

Wo kann die Gabe eingesetzt werden?

Menschen mit der Gabe des Helfens können eingesetzt werden in:

- Praktischer Hilfe für andere Glieder am Leib Christi, deren Einsatz ihnen keine Zeit gibt, auch noch für diese Dinge zu sorgen,
- Krankendiensten,
- Hausmeister-Aufgaben,
- Übernahme von Haushaltshilfen,
- Telefondiensten,
- Sekretariatsdiensten in der Gemeinde und Mission,
- Babysitting,
- Umzugshilfe,
- Zeltaufsichtdiensten,
- Autoreparatur,

u.s.w.

Wird die Gabe noch gebraucht?

Und ob! Jeder von uns braucht da nur an sein eigenes Leben zu denken und all die Menschen aufreihen, ohne deren Hilfe er/sie nie das geworden wäre, das getan und geschafft hätte, was nun möglich wurde.

Habe ich die Gabe der Hilfsdienste?

- Fällt es mir leicht zu helfen?

- Habe ich einen Blick für Gebiete, die den Dienst von Christen belasten? Kann ich mir vorstellen, wie man ihnen helfen kann?

- Fällt es mir leicht, auf Ehre zu verzichten?

Wer könnte bei uns in der Gemeinde die Gabe des Helfens haben?

Am ehesten

Vielleicht

Möglicherweise

A Wie wichtig ist die Gabe der Hilfeleistungen für den Alltag einer christlichen Gemeinde?

B Kennst du Menschen, denen Helfen große Freude bereitet? Was zeichnet sie aus?

14.5. Gruppengespräch

C Welche Arbeitszweige in der Gemeinde bedürfen Helfer? Nennt mindestens sieben.

D Welche Dienste in der Gemeinde können nur mit Helfern effektiv getan werden?

E Welche Eigenschaften sind einem vom Geist Gottes begabten Helfer eigen?

F Wie können Helfer in der Gemeinde gefördert werden?

Lektion 15

DIE GABE DES GEBENS

A Was und wie viel gibst du für die Arbeit im Reiche Gottes? Werde konkret, indem du folgende Angaben zu deinem eigenen Geben einträgst:

Art des Gebens	Wöchentlich	Monatlich	Jährlich
Geld			
Zeit			
Sachspenden			
Beistand			

15.1. Persönliche Besinnung

B Kennst du Menschen, die besonders viel geben? Was zeichnet diese Menschen aus?

15.2. Einblick

Als man mir vor Jahren Roger vorstellte, hätte ich nicht im Geringsten daran gedacht, einem der prospektiv reichsten Menschen seines Landes gegenüber zu stehen. Nichts an ihm verriet Reichtum. Sogar umgekehrt, ich habe eher eine gewisse Bescheidenheit in der Kleidung des Mannes festgestellt. Erst später, als ich Roger näher kennen lernte, merkte ich, mit wem ich es eigentlich zu tun hatte. Die vielen Firmen und der große Besitz schienen jedoch keinerlei Spur im Lebensstil dieses Mannes zurück zu lassen. „Ich verdiene Geld, um es weiterzugeben", sagte er mir, als ich ihn neugierig nach dem Grund seiner Bescheidenheit fragte. „Es macht mir den größten Spaß, und hinterher bleibt in mir eine tiefe Zufriedenheit. Für kein Geld der Welt könnte ich mir ein solches inneres Glück kaufen. Ich weiß schon", fuhr er nach einer Pause fort, „die Menschen verstehen mich nicht. Viele denken, ich bin sogar geizig. Aber Gott versteht mich und ich sehe im Geben meine Mission und meinen Auftrag."

15.3. Blick in die Bibel

Text

Röm. 12,8

Begriff

Gebende = griechisch metadidous, kommt von metadidomi = sich mitteilen, abgeben (Lk. 3,11) und fußt auf dem Begriff GEBEN = didomi. Der Begriff wird im NT nicht allein auf das Abgeben von Geld (so z.B. Eph. 4,28) bezogen. In Röm. 1,11 spricht Paulus vom Mitteilen einer Gnadengabe und in 1.Thess. 2,8 vom Mitteilen der frohen Botschaft und der Seele.

Aufgabe

Die Bibel spricht viel und konkret vom Geben. Hervorragende Beispiele des Gebens sind: Gott (Joh. 3,16), Jesus (Lk. 22,19; Joh. 10,28), Barnabas (Apg. 4,36-37), Paulus (Röm.1,11; 1.Thess 2,8), Epaphroditus (Phil. 2,25f), Gemeinden in Mazedonien (2.Kor. 8,1-5).

In Apg. 4,32-37 wird berichtet, dass die ersten Christen ihr Hab und Gut verkauften und den Erlös zu den Aposteln brachten, um so für die Notleidenden in der Gemeinde zu sorgen. Der Apostel Paulus ermutigte die Christen zu geben, um so den notleidenden Christen in Jerusalem zu helfen (2.Kor. 8,2-5). Jesus weist seine Jünger ganz besonders auf die arme Witwe und ihre Gabe hin, die nicht aus dem Überfluss, sondern aus Hingabe alles gegeben hatte, was sie besaß (Lk. 21,1ff).

Die Aufgabe des Gebenden bezog sich demnach auf den Dienst in der Gemeinde (Röm.12,8), den besonderen Dienst der Nacharbeit und Seelsorge (1.Thess. 2,8f), die Fürsorge für notleidende Christen (2.Kor. 8,1ff), den Aufbau einer Einheit unter Christen (Apg. 4,36f), die Fürsorge für Menschen im Gefängnis (Phil. 2,25f).

Mögliche Gefahren:

- Geber stehen in der Gefahr, sich zu verausgaben;

- Geber stehen in der Gefahr, ziellos ihren Besitz zu verschwenden;

- Geber stehen in der Gefahr, sich nur auf den finanziellen Beitrag zum Dienst am Reich Gottes zu beschränken.

Maßstäbe:

In Röm. 12,8 wird die wichtigste Bedingung bereits genannt: geben soll man mit lauterem Sinn. Die Motivation des Gebers kann nur der Herr und sein Werk sein, sonst ist sein Geben nichts wert vor Gott. In 2.Kor.9,1-15 legt Paulus eine Reihe von wichtigen Prinzipien für das Geben nieder:

- das Geben sollte ein vorbereitetes sein, eine Gabe des Segens und nicht des Geizes (V.5),
- das Geben sollte entsprechend dem empfangenen Segen sein und nicht kärglich (V.7),
- das Geben sollte auf eine bestimmte Not ausgerichtet, also gezielt sein (V.12),
- das Geben sollte vor dem Hintergrund der Verheißung, dass Gott alles gehört, stattfinden (V.11).
- es sollte mit Freuden und ohne Zwang geschehen (V.7).

Verpflichtung im NT

Geben wird im NT als Ausdruck der Liebe einem jeden Mitglied am Leibe Christi in die Wiege gelegt. Geben ist seliger als nehmen (Apg. 20,35) und einen fröhlichen Geber hat Gott lieb (2.Kor. 9,7).

Definition

Die Gabe des Gebens ist eine besondere Fähigkeit, die Gott einigen Gliedern am Leibe Christi gibt, anderen Menschen in ihren Nöten gerne und großzügig mitzuteilen. Das kann sowohl im materiellen als auch im geistlichen Bereich passieren.

Der mit *metadidomi* begabte Mensch verfügt über:

- ... ein Bewusstsein dessen, was er/sie Menschen mitteilen kann;
- ... einen klaren Blick für die Notlage seines Nächsten;
- ... Einfühlsamkeit, die den Betroffenen hilft, auf ihre Lage hinzuweisen, ohne dass diese dabei verletzt werden. Paulus gebraucht hierfür ein Bild der Mutter, die für ihren Säugling sorgt (1.Thess. 2,8).

Wo kann sie eingesetzt werden?

Menschen mit dieser Gabe können in folgenden Bereichen der Gemeindearbeit eingesetzt werden:

- Finanzielle Verwaltung und Unterstützung von Gemeindeprojekten;
- Hilfe an Menschen in materieller Not;
- Katastrophen- und Krisenhilfe;
- Finanzierung von Mitarbeitern in der Gemeinde;
- Gemeindekasse

Wird die Gabe noch gebraucht?

Ja! Die Missionsarbeit würde heute in der Welt sicherlich zusammenbrechen, wenn es nicht Menschen geben würde, die dafür leben, dass sie geben können.

15.4. Schritte in die Praxis

Habe ich die Gabe des Gebens?

- Habe ich ein Bedürfnis, Menschen in Not zu unterstützen?
- Kann ich mich in die Lage eines Menschen einfühlen?
- Fällt es mir leicht, etwas abzugeben?
- Empfinde ich innere Zufriedenheit, wenn ich wirkliche Opfer gebe?

Wer könnte bei uns in der Gemeinde die Gabe des Gebens haben?

Am ehesten

Vielleicht

Möglicherweise

15.5. Gruppengespräch

A Jeder von uns hat bereits schonmal etwas abgegeben. Tauscht euch über die Erfahrungen aus.

B Was bedeutet die biblische Gabe des Gebens?

C Wer in der Gemeinde hat die Gabe des Gebens?

D Müssen nur Menschen mit der Gabe des Gebens spenden, oder werden alle Glieder am Leib Christi in die Pflicht genommen?

E Was passiert, wenn ein Gemeindeglied mit der Gabe des Gebens die Gemeindekasse übernimmt?

Lektion 16

DIE GABE DER BARMHERZIGKEIT

16.1. Persönliche Besinnung

A Hast du persönlich schon einmal Barmherzigkeit erfahren? Was war das? Schreibe die Erfahrung in eigenen Worten nieder.

B Wie würdest du Barmherzigkeit definieren? Formuliere deine eigene Definition.

16.2. Einblick

Eigentlich mochte man in unserer Gemeinde den Jens nicht besonders. Er war ein eher stiller Mann, der, wenn er mal redete, immer den Nagel auf den Kopf traf. Dabei schien ihm jede Höflichkeit abhanden gekommen zu sein. Er sagte die Dinge wie sie waren, ohne Rücksicht auf Verluste. Aber Jens war nicht nur ein scharfer Beobachter. Menschen, die schon mal in Not geraten waren, änderten in der Regel ihre Meinung über ihn. Niemand in der Gemeinde war so eifrig dabei Opfern zu helfen, wie er. Dabei schien er immer wieder auch an den Rand der Erschöpfung zu gehen, oder er verausgabte sich finanziell total. Das eine Mal nahm er eine Familie in sein Haus, die als Folge finanzieller Engpässe ihre Wohnung verloren hatte, das andere Mal bürgte er für einen Bruder, der sich an der Börse verspekuliert hatte, oder stellte einer Familie, die ihr Auto durch einen Unfall verloren hatte, sein eigenes kostenlos zur Verfügung. Wenn es in der Gemeinde Opfer gab, dann war Jens als erster da. Schon bald nannten ehemalige Opfer ihn ihren barmherzigen Samariter.

16.3. Blick in die Bibel

Text

Röm. 12,8

Begriff

Erbarmen, Barmherzigkeit oder Mitleid = griechisch "eleos", ist ein in der Schrift zentral gebrauchter Begriff, der die Güte und das Erbarmen Gottes beschreibt, die aus seinem Treueverhältnis zu seinem Geschöpf entsteht. Im Neuen Testament bezeichnet eleos, bzw. eleen das von Gott geforderte Verhalten der Menschen zueinander (Vgl.: Lk. 9,13; 12,7 = Hos. 6,6). Die Verpflichtung zur Barmherzigkeit gehört zu den wichtigsten Geboten Gottes (Mt.23,23). Das Fehlen von eleos führt zur Strafe (Mt. 18,21-35).

Aufgabe

Niemand wird in der Heiligen Schrift öfter barmherzig genannt als Gott selbst (Vgl. Ps. 103,13; Jes. 63,9). Auch Jesus trägt den Ehrentitel des Barmherzigen zurecht (Joh. 11,35f; Hebr. 4,15; Mt. 9,36; 14,14; Mt. 20,34; Mt. 23,37; Mk. 1,41; Lk. 7,13). Ein Beispiel für die Aufgabe der Barmherzigkeit gibt uns Jesus mit der Geschichte vom barmherzigen Samariter (Lk.10,33-37). Dieser sieht nicht nur den unter die Räuber gefallen Menschen, sondern setzt sich auch mit seiner Zeit, Geld und Kraft für die Wiederherstellung des Verletzten ein. Dabei scheint es Jesus auch darauf anzukommen, dass vorher zwischen den beiden Handelnden seiner Geschichte keine wie auch immer geartete Beziehung bestanden hat. Der Samariter tut, was er tut, einfach aus Barmherzigkeit. Ähnliches wird auch über Tabitha in Apg. 9,36-41 ausgesagt. Menschen üben in der Bibel Barmherzigkeit in der Gemeinde (Röm.12,8); im besonderen Dienst an Gefangenen (Hebr. 13,3), notleidenden Witwen und Waisen (Jak. 1,27) und Mitgläubigen (Jak. 2,15), und an Hungernden und Dürstenden, Fremdlingen und Kranken (Mt. 25, 14ff.).

Mögliche Gefahren

- Menschen mit der Gabe der Barmherzigkeit stehen in der Gefahr, sich so stark auf die Not ihres Nächsten zu konzentrieren, dass sie dabei sowohl sich selbst als auch ihr gesundes Umfeld aus dem Blick verlieren;

- Sie können mit der Last, die sie glauben, tragen zu müssen, recht schnell vereinsamen;

- Sie neigen dazu, schnell zu vergeben, auch dann, wenn vielleicht doch eher Konsequenzen angesagt wären und damit eher oberflächlich zu helfen.

Maßstäbe

Die Bibel sagt, dass Gott der Vater der Barmherzigkeit ist (2.Kor.1,3) und er ist daher reich an Barmherzigkeit (Eph.2,4). In Röm.12,8 wird als Bedingung genannt: Barmherzigkeit sollte gerne geübt werden!

Verpflichtung in der Bibel:

Es fällt auf, dass in der Heiligen Schrift das Volk Gottes zur Barmherzigkeit verpflichtet wird, so Israel in Jes. 58, 7; Hos. 6,6 und die Gemeinde in Gal. 6,2; Hebr. 13,3; Jak. 1,27; u.a.
Barmherzigkeit mit den Notleidenden wird zum Beurteilungsmaßstab für die Echtheit des Glaubens erhoben: Mt. 25,37-40; Jak. 2, 14-17.

Definition

Die Gabe der Barmherzigkeit ist eine besondere Fähigkeit, die Gott einigen Gliedern am Leibe Christi gibt, Menschen in ihren körperlichen, seelischen und geistigen Nöten auf eine besondere Art und Weise beizustehen.

16.4. Schritte in die Praxis

Der mit *eleos* begabte Mensch verfügt über:

- ... einen scharfen Blick für Nöte und mögliche Missstände im Leben von Menschen;
- ... ein tiefes Mitgefühl des Erbarmens;
- ... ein Pflichtgefühl, dem Notleidenden helfen zu müssen;
- ... die Fähigkeit, das Mitgefühl in praktische Hilfe umzusetzen;
- ... Einfühlsamkeit, die Betroffenen auf ihre Lage hinzuweisen und dann Hoffnung auf Veränderung zu wecken.

Wo kann sie eingesetzt werden?

Menschen mit der Gabe der Barmherzigkeit können eingesetzt werden in:

- Seelsorge,
- Krankenbesuchen,
- Sterbebegleitung,
- Beratung,
- Fürbitte,
- Randgruppen-Arbeit,
- Diakonischen Diensten,
- Entwicklungsarbeit,
- Gefängnisarbeit,
- Behinderten-Arbeit.

Wird die Gabe noch gebraucht?

Unbedingt! In Jak. 2,13 wird davor gewarnt, dass über Menschen, die nicht Barmherzigkeit getan haben, ein unbarmherziges Gericht ergehen wird. Und die Barmherzigkeit wird hier am Einsatz für die Notleidenden gemessen (2,14-17).

Habe ich die Gabe der Barmherzigkeit?

- Sehe ich Nöte und Missstände, in denen sich meine Mitmenschen befinden?
- Kann ich mich in die Lage eines notleidenden Menschen einfühlen?
- Zwingt mich die Not meiner Nächsten zum Handeln?
- Habe ich Ideen, wie die Not gelindert werden kann?

Wer könnte bei uns in der Gemeinde die Gabe der Barmherzigkeit haben?

Am ehesten

Vielleicht

Möglicherweise

16.5. Gruppengespräch

A Gott wird als Vater der Barmherzigkeit bezeichnet. Welche Charakterzüge Gottes zeigen seine Barmherzigkeit?

B Welche Geschichten in der Heiligen Schrift beschreiben Gott als den Barmherzigen? Und Jesus?

C Wir leben in einer Welt der Unbarmherzigen. Wo wird man in unseren Gemeinden nicht ohne die Gabe der Barmherzigkeit auskommen können? Und in der Gesellschaft?

D Welche Aufgaben in der Gemeinde können nur von Menschen wahrgenommen werden, die die Gabe der Barmherzigkeit haben?

Lektion 17

DIE GABE DER LEITUNG/ VERWALTUNG

A Ergänze folgende Sätze so konkret wie du kannst.

- Ich würde niemals einem Menschen folgen, der ....
....

- Es macht mir Mühe, auf Menschen zu hören, die in ihrem Wesen ....
....

- Auf eine Frau würde ich nur dann hören, wenn Sie ....
....

- Ein Gemeindeleiter ist gut, wenn er die Gemeindeglieder führt als ....
....

- Ein Mensch, der über ....
....
verfügt, wäre für mich ein geistlicher Leiter.

- In der Bibel ist für mich .... das wichtigste Vorbild eines guten Leiters.

17.1. Persönliche Besinnung

17.2. Einblick

Bruder Peter Boltunow hat wie kein anderer in meinem jungen christlichen Leben Akzente gesetzt. Nein, er war nicht unser Gemeindeältester. Er predigte zwar ab und zu, aber sonst galt er eher als ein viel zu radikaler Christ. Jede Woche versammelten wir uns in seiner Wohnung, ohne dass er uns dazu besonders einlud. Oft kam ich auch mal einfach so für eine Minute bei ihm vorbei, wenn ich Rat brauchte. Er faszinierte mich. Sein Lebenswandel, sein Umgang mit Gott und mit den Mitmenschen machten auf mich Eindruck. Ich wollte so leben wie er. Für mich war dieser Mann ein Leiter, dem ich folgte, ohne dass er sich selbst oder jemand anderes ihn dazu bestimmt hätte. Ein natürlicher Leiter, oder folgte er nur einer geistlichen Berufung entsprechend der ihm zuvor verliehenen Gabe?

17.3. Blick in die Bibel

Text

Röm. 12,8

Begriff

Vorsteher = griechisch proistamenos, kommt vom griechischen proistamai = sich an die Spitze setzen, vorstehen, sorgen für (vgl: 1.Tim. 3,1ff; 5,17; Tit. 3,8.14). Wer vorsteht, der übernimmt die Verantwortung für einen reibungslosen Ablauf der Dinge, denen er vorsteht.

Aufgabe

Die Bibel führt am Beispiel einer ganzen Reihe von Leitern aus, wie vollmächtige Leitung stattfindet und was sie beinhaltet. Leiter waren auch in der ersten Gemeinde wichtig (Röm.12,8). Ob im besonderen Dienst des Ältesten (1.Tim. 3,1f) und Diakone (1.Tim. 3,12) oder in der Organisation missionarischer Arbeit (Apg. 13,1ff), ihre spezielle Aufgabe bestand in der Führung von Menschen, Veranstaltungen oder Aktionen.

Mögliche Gefahren

- Menschen mit der Gabe der Leitung/Verwaltung sind oft zu stark auf's Detail fixiert und neigen dazu, den großen Zusammenhang aus dem Blick zu verlieren;
- Sie organisieren eher als dass sie führen und haben damit Mühe, Altbewährtes zu Gunsten von Innovation aufzugeben;
- Sie kennen in der Regel den Vorgang am besten und neigen daher zur Besserwisserei und Arroganz.

Maßstäbe

In 2.Mose 18,21 nennt Jitro drei wichtige Bedingungen für die Leiter:

- Gottesfurcht,
- Wahrhaftigkeit und
- Feindschaft gegenüber dem ungerechten Gewinn.

Die wichtigsten Bedingungen für den Gemeindevorsteher sind in 1.Tim.3,1-7 genannt. Wir haben sie an anderer Stelle besprochen. In Röm.12,8 wird darauf hingewiesen, dass diese Gabe mit Sorgfalt ausgeübt werden soll. In 1.Petr.5,5-6 wird Demut als Voraussetzung für die Leiterschaft genannt.

17.4. Schritte in die Praxis

Definition

Die Gabe der Leitung ist eine besondere Fähigkeit, die Gott einigen Gliedern am Leibe Christi gibt, andere Glieder so zu motivieren und zu führen, dass sie gemeinsame Ziele setzen und willig diese in der Praxis zu erreichen suchen. Wer über die Gabe der Leitung verfügt, versteht die Menschen hinter sich zu organisieren, und zwar ohne gesetzlichen oder organisatorischen Druck auszuüben, und wird auch dafür Sorge tragen, dass die einzelnen Glieder so aufgebaut werden, dass sie ihre eigene Berufung treu ausleben können.

Wo kann sie eingesetzt werden?

Menschen mit der Gabe der Leitung können eingesetzt werden in:

- Gemeindearbeit: Ältester, Diakon, Gruppen-, Hauskreis- und Arbeitszweigleitung;
- Organisation und Verwaltung evangelistischer Arbeit und humanitärer Hilfe.

Der begabte Mensch verfügt über:

- ... ausgesprochene Führungsqualitäten. Um ihn (sie) scharen sich Menschen wie von selbst;
- ... die Fähigkeit, klare Ziele zu setzen und sie konsequent zu verfolgen;
- ... einen Blick für Gefahren und Vermeidungsstrategien;
- ... die Fähigkeit der Personalführung: jedes Glied wird gesehen, an jedes Glied wird gedacht und für jede/n gibt es einen Auftrag;
- ... seelsorgerliche Qualitäten.

Wird die Gabe noch gebraucht?

Ganz bestimmt! Menschen mit dieser Gabe werden in allen wichtigen Zweigen der Gemeinde- und Missionsarbeit gebraucht.

Habe ich die Gabe des Leitens?

- Bin ich eine Führungspersönlichkeit?

- Lebe und arbeite ich zielorientiert?

- Macht es mir Spaß, langfristig zu planen?

- Kann ich mich in die Lage der Menschen hineinversetzen, um sie zu führen?

- Fällt es mir leicht, bei Erfolgen demütig zu bleiben (1.Petr. 5,5-6).

Wer könnte bei uns in der Gemeinde die Gabe des Leitens haben?

Am ehesten

Vielleicht

Möglicherweise

17.5. Gruppengespräch

A Die Bibel lehrt uns, dass Christen vom Heiligen Geist geleitet werden. Wozu bedarf es dann noch Leiter in der Gemeinde?

B Was zeichnet einen geisterfüllten Leiter aus?

C Welche Leiterpersönlichkeiten sind uns aus der Schrift bekannt? Was macht sie zu Leitervorbildern?

D Was passiert, wenn die richtigen Leiter in der Gemeinde fehlen?

E Welche Zweige in unserer Gemeindearbeit laufen zur Zeit ohne Leiter? Warum? Wer wäre dafür geeignet?

Lektion 18

DIE GABE DER UNTERSCHEIDUNG DER GEISTER

Hast du schon einmal vor der Frage gestanden, ob das, was du in dir hörst, vom Herrn oder vom Teufel ist? Nenne ein Beispiel:

A Wie hast du Klarheit bekommen?

B Wer hat dir dabei geholfen?

18.1. Persönliche Besinnung

C Woher weißt du, dass die getroffene Entscheidung richtig war?

D Wie unterscheidest du persönlich Geister? Nenne drei Punkte:

1.

2.

3.

18.2. Einblick

Als Karin mich zum ersten Mal ansprach, empfand ich das, was sie mir da sagte, als eine Anmaßung. Ich solle mich vor dem Bruder X hüten, meinte sie, er sei nicht in Ordnung. Erst als ich dann nach einigen Wochen auf einmal merkte, wie falsch dieser Mann war, dachte ich an ihre Worte. Etwas später kam sie wieder auf mich zu und bat mich, doch nicht zusammen mit Y auf die Missionsreise zu gehen. Wieder gab ich wenig Acht auf ihre Worte. Und wieder wurde ich durch große Schwierigkeiten mit Y an ihre Worte erinnert. Als sich die Sache noch einige Male wiederholte, fragte ich Karin, woher sie ihre Eindrücke habe. „Ich habe da eine innere Gewissheit, die mich einfach überfällt. Oft macht mir dieser Eindruck Angst, aber nur selten hat sich das, was ich da empfand, als falsch erwiesen." Ob sie nur schlechte Eindrücke habe, wollte ich wissen. Nein, viel öfter sei das, was sie in der Gemeinde empfinde, eher mit Gutem verbunden. Als ich Karin fragte, ob sie die Gabe der Geisterunterscheidung habe, konnte sie mit meiner Frage nichts anfangen. Doch dass sie solche Eindrücke erst, nachdem sie zum Glauben an Jesus Christus gekommen war, hat, das wisse sie gewiss. „Früher habe ich nichts dergleichen erlebt", meinte sie. Irgendwie hatte ihre Fähigkeit also doch mit dem Glauben an Gott zu tun? Oder war das etwa eine Stimme Gottes, die sie so intensiv empfand?

18.3. Blick in die Bibel

Text

1.Kor. 12,10

Begriff

Unterscheidungen der Geister = griechisch diakriseis pneumaton, ist ein aus zwei Worten zusammengesetzter Begriff. Dabei steht diakriseis für Unterscheidungen, Beurteilungen und pneumaton für Geister. Geist = pneuma kann sich sowohl auf den Geist Gottes (Gal.5,17ff) als auch auf den Geist des Menschen (1.Kor. 7,34; 2.Kor. 2,13; 7,1.5) oder den bösen Geist (Eph. 2,2; 6,12) beziehen. Diakriseis pneumaton meint also die Beurteilung, Unterscheidung des gerade am oder durch den Menschen wirkenden Geistes.

Aufgabe

Wie diese Gabe in der Praxis eingesetzt wird, können wir an einigen Beispielen aus dem Neuen Testament anschaulich lernen. Als Jesus sein Leiden, Sterben und seine Auferstehung zum ersten mal ankündigte, widersprach ihm Petrus. Sein Verhalten war aber vom Satan gewirkt. Jesus erkannte sofort den Angriff und wies Petrus mit den Worten ab: „Geh weg von mir Satan! Du bist mir ein Ärgernis; denn du meinst nicht was göttlich, sondern was menschlich ist" (Mt.16,22-23).

Eine dramatische Geschichte wird uns in Apg.5,1-10 berichtet. Hier erkennt Petrus, dass Ananias und Saphira sich vorgenommen haben, die Gemeinde zu betrügen und falsche Angaben zu ihrem Opfer zu machen. Der Apostel erkennt die Lüge und auch die Konsequenzen einer solchen Lüge für das Leben der Gemeinde und handelt sofort: er entlarvt die Lüge und überlässt die Strafe Gott selbst.

In Apg.8,18-24 versucht Simon der Zauberer, Petrus zu überreden, ihm die Macht zu verkaufen, Leuten die Hände aufzulegen, damit diese den Geist bekommen. Petrus sieht den wahren Zustand des Herzens von Simon und entlarvt ihn. „Dein Herz ist nicht rechtschaffen vor Gott", sagt er Simon.

Besonders wichtig scheint die Ausübung der Gabe in Missionssituationen zu sein. In Apg.13,6-12 entlarvt Paulus einen Dämon, der durch Elymas den Zauberer versuchte, den Stadthalter Sergius Paulus vom Glauben abzuhalten. Und in Apg.16,16-22 treibt er einen bösen Wahrsagegeist aus einer Magd aus.

Eine weitere Aufgabe kommt der Gabe zu, wenn die Echtheit von Weissagungen überprüft werden soll. In der Beurteilung der Weissagung (1.Thess. 5,19ff; 1.Joh. 4,1-5) liegt eine der wichtigsten Herausforderungen der Gabe der Geisterunterscheidung.

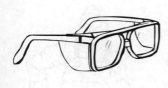

Verpflichtung und biblischer Maßstab:

Geisterunterscheidung ist laut dem Neuen Testament nicht nur eine Möglichkeit. Laut der Schrift muss die Gemeinde PRÜFEN (1.Thess 5,19-22; 1.Joh. 4,1-5)! Sie hat demnach eine heilige Pflicht herauszufinden, welcher Geist hinter der jeweiligen Entwicklung steht. Dabei kann für sie nur ein Kriterium gelten – die Heilige Schrift! Hier finden wir die Norm für all unser Verhalten und Urteil (2.Tim 3,16).

Mögliche Gefahren:

- Härte im Umgang mit den Falschen;
- Überheblichkeit und Rechthaberei;
- Kritikgeist.

18.4. Schritte in die Praxis

Definition

Die Gabe der Unterscheidung der Geister ist eine besondere Fähigkeit, die Gott einigen Gliedern am Leibe Christi gibt, das angeblich von Gott gegebene Wort oder gewirkte Verhalten zu beurteilen und damit mit Sicherheit zu unterscheiden, ob es göttlichen, menschlichen oder dämonischen Ursprungs ist.

Der mit der Gabe der Geisterunterscheidung begabte Mensch verfügt über:

- ... eine ausgesprochene Sensibilität in Fragen von Gut und Böse, echt – unecht, wahr – unwahr;
- ... ein tiefes Verlangen nach Gottes Wahrheit;
- ... ein Pflichtgefühl, die Wahrheit zu wissen;
- ... die Fähigkeit, Sachlagen schnell zu begreifen und zu durchschauen;
- ... die Fähigkeit, langfristige Entwicklungen zu sehen;
- ... eine besonders enge Beziehung zum Geist Gottes.

Wo kann sie eingesetzt werden?

In folgenden Bereichen des Gemeindelebens kann, sogar muss diese Gabe eingesetzt werden:

- Seelsorge;
- Predigt- und Verkündigungsdienst;
- Gemeindeleitung;
- Mission;
- Befreiungsdienst;
- Kontextualisierung.

Wird die Gabe noch gebraucht?

Ja, und zwar ganz dringend. Wir leben in einem Zeitalter der völligen geistlichen Verwirrung. Die Vertreter der Bewegung des Neuen Zeitalters (New Age) haben längst das Zeitalter des Spiritualismus angesagt. Dämonen werden überall in unser Leben eingeladen. Wie nie zuvor sind wir heute angehalten zu unterscheiden.

Habe ich die Gabe der Unterscheidung der Geister?

- Habe ich einen Blick für das „Echte"?
- Empfinde ich die Gegenwart der Mächte der Finsternis? Wie?
- Kann ich Sachlagen schnell erfassen?
- Ist es mir ein Anliegen, dass nur die Wahrheit gilt?

Wer könnte bei uns in der Gemeinde die Gabe der Unterscheidung der Geister haben?

Am ehesten

Vielleicht

Möglicherweise

18.5. Gruppengespräch

A Hat nun Karin in unserer Eingangsbegebenheit die Gabe der Geisterunterscheidung?

B Was ist mit der Gabe der Geisterunterscheidung gemeint?

C Welche Schlüsse kann man aus den angeführten neutestamentlichen Beispielen über die Art und Weise des Vorkommens dieser Gabe ziehen?

D Welche Dienste sollten nicht ohne eine solche Gabe getan werden?

E Wer in unserer Gemeinde könnte die Gabe der Geisterunterscheidung haben? An welchen Merkmalen kann man das sehen?

Lektion 19

DIE GABE DES GLAUBENS

A Stell dir einen Menschen mit einem starken Glauben vor. Kennst du einen solchen Menschen? Wie heißt er?
Schreibe seinen Namen auf.

B Was zeichnet diesen Menschen aus? Warum denkst du, dass der Glaube dieses Menschen stark ist?
Nenne einige Merkmale:

19.1. Persönliche Besinnung

19.2. Einblick

Wir hatten immer dicke Luft wenn in der Gemeinde wichtige finanzielle Ausgaben ins Haus standen. Irgendwie fiel es den Geschwistern schwer, größere Projekte anzugehen. Sollte eine neue Küche gekauft werden, der Jugendraum renoviert werden oder ... - man könnte hier beliebig fortsetzen – es gab immer Probleme. Als Pastor der Gemeinde hatte ich es da nicht einfach. Wahrscheinlich hätte ich eines Tages den Hut genommen, wenn da nicht der alte Bruder Johannes gewesen wäre. Ich weiß noch genau, wie er mich eines Tages zu sich rief und sagte: „Ihr habt vor, im Gemeindehaus umzubauen. Es wird schwierig werden mit dem lieben Geld. Aber zweifle nicht, Gott wird uns schon helfen. Ich weiß, das Geld kommt zusammen." Und es kam zusammen. Und ich, ich hatte nach dem Gespräch mit dem alten Greis einen unbeschreiblichen Frieden in meinem Herzen. Es gab andere Geschichten dieser Art, und ging ich dann zu meinem „Seelsorger" und dieser bestätigte das Vorhaben, dann zweifelte auch ich bald nicht mehr. Wusste er aber nicht genau, dann konnte auch ich schlecht glauben. Als der Bruder heimging, sagte man an seinem Grab, er habe einen starken Glauben gehabt.

19.3. Blick in die Bibel

Text

1.Kor. 12,9

Begriff

Glaube = griechisch pistis. Der griechische Begriff meint so viel wie Vertrauen, Zutrauen, kann aber auch im Sinne von Überzeugung und Gewissheit gebraucht werden. Wer pistis besitzt, der kann sowohl als Person, die Vertrauen hat als auch die Vertrauen genießt beschrieben werden (Röm.3,3; Gal. 5,22; Tit. 2,9f). In diesem zweiten Sinne meint der Begriff dann Vertrauenswürdigkeit und Zuverlässigkeit. Glauben ist die unbedingte Voraussetzung für vollmächtiges Handeln und erhörliches Gebet (Mt. 21,18-22; Jak. 1,5-8). Das Fehlen von Glauben verursacht Kraftlosigkeit (Mt. 17,20). Ohne Glauben kann man Gott nicht gefallen (Hebr. 11,6).

Aufgabe

In Mt.8,5-13 rühmt Jesus den Glauben des Hauptmanns, weil dieser ihm ganz vertraut. In Mt.17,20 und 21,18-22 sagt Jesus, dass die Jünger, wenn sie denn Glauben hätten, Großes tun könnten. Männer und Frauen großen Glaubens werden in Abraham (Röm. 4,1ff) und einer Reihe von anderen Glaubensvätern gesehen: Abel, Henoch, Abraham, Sarah, Jakob, Moses, Rahab (Hebr. 11,4-37). Sie alle zeichnete die Fähigkeit aus, Gott so zu vertrauen, dass er durch Wunder und Zeichen handelte. Menschen mit der Gabe des Glaubens werden ganz allgemein in der Gemeinde (1.Kor.12,9), im Gebetsdienst (Mt. 21,18-22; Jak. 1,5-8), im besonderen Dienst der Befreiung (Mt. 17,20), in besonderen Berufungen Gottes (Hebr.11,4ff), im besonderen Einsatz in der Mission (Hebr. 11,33-35), in Zeiten der Verfolgung (Hebr.11,36ff) gebraucht.

Mögliche Gefahren

Der mit *pistis* begabte Mensch verfügt in der Regel nicht:

- über große Flexibilität in Sachen der Führung Gottes;

- über Toleranz gegenüber Menschen, die eher flexibel und oberflächlich wirken;

Das kann schnell zu Vorurteilen gegenüber Menschen führen, die anders begabt sind und daher nicht so fest und festgelegt sind.

Maßstäbe

Der Glaube ist ein Geschenk Gottes. Er richtet sich zu aller erst und vor allem an Gott. Da wird Gott geglaubt! Das aber setzt Gottes Reden voraus. Glauben kann man nur einem der redet. Alles Reden Gottes aber muss sich am Wort Gottes messen lassen. Denn Gott widerspricht sich selbst nicht. So ist die Heilige Schrift der eigentliche Maßstab dessen wie und was geglaubt wird.

persönliche Notizen

19.4. Schritte in die Praxis

Definition

Die Gabe des Glaubens ist eine besondere Fähigkeit, die Gott einigen Gliedern am Leibe Christi gibt, Gott in einer außergewöhnlichen Art und Weise zu vertrauen und somit selbst zum zuverlässigen Beweis seiner Vertrauenswürdigkeit zu werden.

Der mit *pistis* begabte Mensch verfügt über:

- ... unerschütterliches Vertrauen Gott gegenüber;
- ... eine Vertrauenswürdigkeit, die über das normale Zutrauen hinaus geht;
- ... eine besondere Einsicht in Pläne Gottes, eine persönlich erfahrene Verheißung;
- ... ein Pflichtgefühl, an dem einmal für richtig erkannten Willen Gottes festzuhalten;
- ... die nötige Ausdauer, auch über längere Zeit und trotz negativer Vorzeichen an dem erkannten Willen Gottes festzuhalten.

Wo kann sie eingesetzt werden?

Menschen mit der Gabe des Glaubens können eingesetzt werden in:

- der Leitung der Gemeinde;
- Seelsorge und Jüngerschaftstraining;
- der Verkündigung;
- der strategischen Planung in der Gemeinde;
- Gemeinde- und Missionsberatung.

Wird die Gabe noch gebraucht?

Und ob! Gerade in einer Zeit, wo der Glaube in vielen erkaltet, werden glaubende Menschen dringend gebraucht.

Habe ich die Gabe des Glaubens?

- Fällt es mir leicht, Gott zu glauben?
- Wirke ich auf andere vertrauenswürdig?
- Fällt es mir schwer, das einmal Erkannte aufzugeben?
- Habe ich Ausdauer? Kann ich auch über längere Zeiträume Gott vertrauen?

Wer könnte bei uns in der Gemeinde die Gabe des Glaubens haben?

Am ehesten

Vielleicht

Möglicherweise

19.5. Gruppengespräch

A Warum gibt es in unseren Gemeinden so wenige Menschen mit einem starken Glauben?

B Wer kann in der Gemeinde die Gabe des Glaubens bekommen?

C Wozu gibt Gott den einen mehr, den anderen weniger Glauben?

D Welche herausragenden Beispiele des Glaubens sind uns aus der Heiligen Schrift bekannt?

E Was lernen wir über die Gabe des Glaubens aus der Bibel?

F Wie können wir die Gabe des Glaubens unter uns fördern?

Lektion 20

DIE GABE DER DÄMONENAUSTREIBUNG

A Die Bibel berichtet viel über Menschen, die von Dämonen besessen waren. Was ist dir über Besessenheit bekannt?

B Kennst du Menschen, die besessen waren oder sind? Wie äußert sich ihre Besessenheit?

C Die Befreiung von Besessenheit nennt man Exorzismus. Hast du schon mal von Dämonenaustreibung gehört? Wie soll das gemacht worden sein?

D Besessene Menschen sind:

20.1. Persönliche Besinnung

E Der Unterschied zwischen besessenen und belasteten Menschen liegt darin, dass die Besessenen im Unterschied zu den Belasteten von Dämonen ......

F Dämonenaustreibung darf nur von

.... vorgenommen werden.

Das steht in .... geschrieben.

20.2. Einblick

Nikolai brach während meiner Predigt zusammen. Er fing an, schrecklich zu schreien und um sich zu schlagen. Aus dem Mund des Mannes kam eine unmenschliche Stimme, die alles Göttliche verdammte. Ich unterbrach die Predigt und bat die Diakone, den Mann aus dem Saal hinaus zu führen. Dann setzte ich meine Predigt fort und beendete bald den Gottesdienst. Währenddessen sprach Alexander, einer unserer Mitarbeiter, mit dem Mann. Als ich dazu stieß, stand für das Mitarbeiterteam fest, dass Nikolai besessen war. Er wollte befreit werden. Ein Kampf setzte ein, der dann nach Stunden erfolgreich beendet wurde. Der Geist verließ den Körper von Nikolai mit gewaltigem Getöse. Im Befreiungskampf war es Alexander gewesen, der sowohl die Lage als auch die Art des Vorgehens richtig erkannte. Auch in späteren ähnlichen Situationen wurde klar, Gott hatte unserem Bruder besondere Einsichten und eine besondere Vollmacht im Kampf gegen die Dämonen gegeben.

20.3. Blick in die Bibel

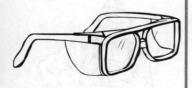

Text

Mk. 16,17; Mt. 10,1ff; Lk. 10,17-20

Begriff

Dämonen austreiben = daimonia exballo. Der griechische Begriff setzt sich aus zwei Worten zusammen, wobei daimonia böse Geister und exballo so viel wie auswerfen, herauswerfen, ausstoßen, zum Beispiel von Feinden, meint. Im Neuen Testament wird der Begriff gebraucht, um das Austreiben von Dämonen, die sich im Menschen, wie in einem Haus (Mt. 12,44) niedergelassen haben, zu beschreiben.

Aufgabe

Laut dem Befehl Jesu an seine Jünger in Mt. 10,1ff wurde den Jüngern der Auftrag gegeben, besessene Menschen von den in ihnen wohnenden Geistern zu befreien. In der Praxis haben sowohl Jesus (Mt. 8,32; 9,33; 15,28; 17,18 u.a.) als auch die Apostel (Mk. 16,17), so zum Beispiel Paulus (Apg. 13,9-11; Apg. 16,16-18) oder der Evangelist Philippus (Apg. 8,5-8), die Herrschaft Gottes über die Geister der Finsternis proklamiert und Dämonen ausgetrieben. Die Dämonenaustreibung wird als Zeichen des angebrochenen Reiches Gottes (Mt. 12,28) und als Zeichen der gläubigen Nachfolge Jesu (Mk. 16,17) gesehen.

Mögliche Gefahren

- Menschen mit dieser Gabe neigen dazu, auch da Dämonen austreiben zu wollen, wo sie keinen Auftrag von Gott haben. Die Folgen davon können fatal sein (Apg. 19,13-16).

- Jesus zeigt anschaulich, dass die Begabung allein noch nicht zum erwünschten Resultat führt, sondern erst eine entsprechende geistliche Vorbereitung durch Gebet und Fasten notwendig sein kann (Mt.17,21).

Maßstäbe

Dämonie und Dämonisches kann nur zu leicht mit seelisch Abnormalem verwechselt werden. Wie Dämonen sind und wie sie sich in der Lebenswelt der Menschen offenbaren, das lehrt die Heilige Schrift. Es ist daher von großer Bedeutung, dass Menschen mit der Gabe der Dämonenaustreibung ihr Handeln im Spiegel der Bibel sehen und sich von hierher motivieren lassen. Auch und gerade da, wo sie einen vom Geist Gottes gewirkten Eindruck haben, gilt es, diesen mit dem Blick auf die Bibel zu beurteilen. Dabei sollte man immer in der Gemeinschaft mit anderen Gläubigen handeln. Jesus sandte seine Jünger aus, Kranke zu heilen und Dämonen auszutreiben im Team (Mt. 10,1ff).

Definition

Die Gabe der Dämonenaustreibung ist eine besondere Fähigkeit, die Gott einigen Gliedern am Leibe Christi gibt, die bösen Geister aus besessenen Menschen auszutreiben.

Der mit der Gabe begabte Mensch verfügt über:

- ... Macht über die Mächte der Finsternis (Mt. 10,1f);
- ... den Auftrag, die Dämonen aus dem Besessenen auszutreiben (Lk. 10,17ff);
- ... eine besondere Einsicht in den Menschen, der vom Dämon besessen ist (Apg. 13,9ff; Apg. 16,16-18).

Wo kann sie eingesetzt werden?

In der Gemeinde können Menschen mit dieser Gabe in folgenden Bereichen eingesetzt werden:

- Seelsorge;
- Befreiungsdienst;
- Mission.

Wird die Gabe noch gebraucht?

Ja, denn gerade in der Endzeit werden die Mächte der Finsternis offen auftreten und viele verführen (Mt. 24, 5).

20.4. Schritte in die Praxis

Habe ich die Gabe der Dämonenaustreibung?

- Habe ich manchmal den Eindruck, dass Menschen, die mir begegnen, fremdgesteuert werden?

- Werde ich innerlich getrieben, gebundenen Menschen zu helfen?

- Merke ich, dass sich durch mein Gebet eine verfahrene Situation wesentlich ändern kann?

Wer könnte bei uns in der Gemeinde diese Gabe haben?

Am ehesten

Vielleicht

Möglicherweise

20.5. Gruppengespräch

A Warum gibt es in der westlichen Welt so wenige Fälle von Dämonenaustreibung?

B Was kann eine Gemeinde tun, wenn in ihrem Umfeld Fälle von Besessenheit auftreten?

C Wie kann man feststellen, ob man die Gabe der Dämonenaustreibung erhalten hat?

D Welche Beispiele aus der Bibel sind besonders hilfreich für das Verstehen des Befreiungsdienstes?

Lektion 21

DIE GABE DER HEILUNG

A Hast du schon einmal eine Glaubensheilung erlebt? Beschreibe die Erfahrung.

B Wird in deiner Gemeinde für Kranke gebetet? Wenn ja, beschreibe wie das geschieht.
Wenn nein, nenne die Ursachen.

21.1. Persönliche Besinnung

21.2. Einblick

Als in unserer Gemeinde die Frage aufkam, wem wir die Aufgabe übertragen sollten, Kranke und Leidende zu besuchen, waren alle einhellig der Meinung, dass Tina es tun sollte. Tina, eine sonst unscheinbare Schwester, die weder besonders gut singen noch musizieren konnte, Tugenden, die in der Gemeinde sehr hoch geschätzt wurden, schien nur ein Gebetsanliegen zu haben – die Kranken. Sie war die erste, die erfuhr, wer in der Gemeinde erkrankt war und woran. Selbst ohne medizinische Ausbildung kannte sie sich erstaunlich gut in dem Irrgarten menschlicher Leiden aus. „Warst du mal selbst schwer krank, dass die Kranken dir so am Herzen liegen?", fragte ich sie. Nein, Tina sei weder selbst krank gewesen, noch waren es ihre Verwandten. „Es ist einfach so. Ich leide mit ihnen mit, seit ich Christ geworden bin."

Nachdem wir Tina die Aufgabe der Krankenbetreuung anvertraut hatten und sie auch ermutigten, für und mit den Kranken zu beten, fingen wir an zu beobachten, dass kranke Menschen sich zunehmend darüber äußerten, dass es mit ihnen nach Tinas Gebet aufwärts gegangen sei. Einige glaubten gar, durch Tinas Gebet geheilt worden zu sein.

21.3. Blick in die Bibel

Text

1.Kor. 12,9; 28-30

Begriff

Heilung = griechisch iaomai, íama, iasis . Die griechischen Begriffe meinen so viel wie: den ursprünglichen, gesunden Zustand des Menschen wieder herstellen, (wieder) gutmachen. Methodisch gesehen, konnten sich die Griechen sowohl rein medizinische als auch übernatürliche Hilfe vorstellen. Für die Gabe der Heilung ist das Gebet, die innige Verbindung zu Gott, ausschlaggebend; es kann entsprechend zu Wunderheilungen führen. Der Heilende ist Jahwe (der Herr) selbst - vgl. Jesus als Herr und „Heiland".

Aufgabe

Krankheit ist Ausdruck von Un-Heil und Folge der grundsätzlichen Gottesferne nach dem Sündenfall. Jesus kam als Retter, um uns von Krankheit und Sünde zu befreien (Jes. 53,5). Er nennt sich selbst Arzt zur Heilung von beidem (Luk. 5,17-26; 31-32). Und Er hat auch seinen Jüngern die Vollmacht zum Heilen von Krankheiten übertragen (Mk. 6,7+13). Während die Bibel alle Christen auffordert, für Kranke zu beten (Mk. 16,18), hat Gott einigen die besondere Gabe der Heilung geschenkt: Er benutzt ihre Gebete besonders häufig, um Heilung zu bewirken. Beispiele hierfür bietet uns das Neue Testament viele. Siehe hierzu: Apg. 3,1-10; 5,16; 9,34; 14,10; 16,18; 19,12; 28,8 u.a.. Für alle diese Fälle wird deutlich: Gott ist es, der heilt – der Christ kann nur dafür beten und auf die Einlösung der Verheißung des Herrn hoffen (Mk.16,18). So war es bei Elisa (2.Kön. 5); Petrus (Apg. 3,1-8; 9,32-35), Paulus (Apg. 14,8-15; 28,8-9) und bei den Ältesten der Gemeinde (Jak. 5,14-16).

Mögliche Gefahren

- Menschen mit der Gabe der Heilung stehen in der Gefahr, jede Krankheit als ihren persönlichen Auftrag zur Heilung zu betrachten;

- Sie neigen dazu, schnell Heilungszusagen zu machen. Wenn dann die Heilung ausbleibt, dann wird die Schuld allzuschnell beim Kranken gesucht;

- Sie neigen zu einer gewissen Überheblichkeit vor Menschen, die krank bleiben.

Maßstäbe

Einen ausgesprochenen Bedingungskatalog zur Heilung eines Kranken kennt die Bibel nicht. Folgende Kriterien lassen sich jedoch in der Bibel verfolgen:

- Heilung ist ein Zeichen der bewussten Nachfolge (Mk.16,18).
- Heilung ist eine Erfahrung von Menschen, die in der Fülle des Geistes Gottes leben (Apg. 14,8-15).
- Heilung ist eine Erfahrung, der Sündenbekenntnis vorausgeht (Jak. 5,14-16).

Definition

Die Gabe der Heilung ist eine besondere Fähigkeit, die Gott einigen Gliedern am Leibe Christi gibt, die sie befähigt, als menschliche Werkzeuge zu dienen, durch welche Gott ohne den Einsatz von natürlichen Heilmitteln die Gesundheit kranker Menschen (körperlicher oder seelischer Art) wieder herstellt.

Der begabte Mensch verfügt über:

- ... eine innige Verbindung und tiefes Vertrauen zum Herrn;
- ... einen scharfen Blick für das Leiden anderer;
- ... Mitgefühl und den Wunsch, der Not abzuhelfen;
- ... ein klares Ziel: einem Menschen Heil zu vermitteln und Jesus damit zu verherrlichen.

Wo kann sie eingesetzt werden?

Menschen mit der Gabe der Heilung können eingesetzt werden in:

- Seelsorge;
- Krankenbesuchen;
- Gebetsdienst;
- Verkündigung;
- Missionarischem Gemeindeaufbau;
- Persönlichem Gespräch, persönlichem Gebet;
- Diensten am Nächsten jeder Art.

Wird die Gabe noch gebraucht?

Die Frage erübrigt sich, denn wo Kranke sind, da sucht man Heilung. Und Kranke füllen heute unsere Städte und Gemeinden.

21.4. Schritte in die Praxis

Habe ich die Gabe der Heilung?

- Habe ich ein inneres Verlangen, die Menschen in meiner Umgebung heil und gesund zu sehen? Ist mir das Leid anderer ein Herzensanliegen?

- Traue ich Gott auch scheinbar Unmögliches zu und gewinne dadurch Mut zum Handeln?

- Suche ich das Gebet, um bei Gott für andere einzutreten bzw. um Heilung zu flehen?

- Sehe ich auch das Ziel – Sündenvergebung + ewiges Leben –, das Gott für diesen Menschen vorgesehen hat?

Wer könnte bei uns in der Gemeinde die Gabe der Heilung haben?

Am ehesten

Vielleicht

Möglicherweise

21.5. Gruppengespräch

A Woher kommen Krankheiten und wie können sie geheilt werden? Was sagt die Bibel dazu?

B Wer darf für Kranke beten?

C Was verbirgt sich hinter der Gabe der Heilung und wie wird sie erfahren?

D Wo können Menschen mit der Gabe der Heilung in unserer Gemeinde dienen?

E Wie könnte dieser Dienst praktisch wahrgenommen werden?

Lektion 22

DIE GABE DER GASTFREUNDSCHAFT

Stell dir ein ideales gastfreundliches Haus vor. Wie würde dieses Haus aussehen? Was würde die Gastgeber auszeichnen? Formuliere dein Ideal schriftlich, indem Du folgende Fragen beantwortest:

A Ein guter Gastgeber ist ....

B Ein guter Gastgeber kann ...

C Ein guter Gastgeber hat/ besitzt ...

D Kennst du gute Gastgeber? Was zeichnet sie aus? Nenne mindestens drei besondere Merkmale:

1.

2.

3.

22.1. Persönliche Besinnung

22.2. Einblick

Als Gemeinde veranstalteten wir jedes Jahr mindestens eine Gemeindefreizeit. Im Laufe der Jahre haben wir viele Freizeitzentren unseres Landes besucht. Meist hörten wir nach der Freizeit, wie unsere Teilnehmer über das Haus meckerten. Dem einen gefiel das Essen, dem anderen das Bett nicht. Und der dritte ... Tja, es war halt wieder einmal trotz aller Organisation keine ideale Lösung. „Ihr seid wahrscheinlich zu anspruchsvoll", meinte einer meiner Kollegen, als ich ihm mein Leid klagte Die Situation änderte sich jedoch nach dem Besuch der christlichen Freizeitanlage in Rehe. Ab jetzt wollten unsere Leute nur noch nach Rehe. Nein, das Essen und die Betten, das Schwimmbecken und auch das Gelände sind in Rehe nicht besser als sonstwo. Dafür aber die Heimleiter. „Die verstehen es, einem das Gefühl zu vermitteln, dass man bei ihnen immer an erster Stelle steht. Sie haben Zeit, sie haben Geduld und sie haben ... Charisma", sagte ein Teilnehmer. „Vielleicht sind die einfach gastfreundlich", entgegnete ein anderer und brachte die Sache auf den Punkt. Gerhard und Gisela haben in der Tat die Gabe der Gastfreundschaft.

22.3. Blick in die Bibel

Text

Röm.12,9-13; 1.Petr. 4,9-10; Hebr. 13,2.

Ein eindeutiger Hinweis auf den geistbegabten Charakter der Gastfreundschaft fehlt in der Bibel. Die Texte lassen allerdings vermuten, dass es Menschen geben kann, die eine besondere Begabung in diesem Bereich erhalten haben. Die Begabung wird auch von anderen Autoren als Geistesgabe geführt. Siehe z.B. Schwarz 1991:98.

Begriff

philoxenia – Gastfreundschaft oder Gastlichkeit. Der Begriff besteht aus zwei Worten philia = Liebe, Freundschaft und xenos = fremd, landfremd, ausländisch. Er beschreibt den aktiven Einsatz für Menschen, die sich auf fremdem Territorium befinden, also Gäste sind. [24]

---
24 Siehe Bauer 1971:1702.

Aufgabe

Die Gastfreundschaft soll in der Gemeinde gepflegt werden, weil sie ein wichtiger Ausdruck der christlichen Liebe zum Nächsten darstellt. In Hebr. 13,2 heißt es: „Bleibt fest in der brüderlichen Liebe. Gastfrei zu sein vergesst nicht: denn dadurch haben einige ohne ihr Wissen Engel beherbergt." (Vgl.: 1.Mo. 18,2-3; 19,2-3). Älteste sollen gastfrei sein (1.Tim.3,2; Tit.1,8. Phil. 22) sowie die Witwen in der Gemeinde, die diakonische Dienste übernehmen (1.Tim. 5,10). Eine besondere Rolle fiel der Gastfreundschaft in der Urgemeinde in Sachen Mission zu. Die schwierige politische und finanzielle Situation machte die herumreisenden Missionare völlig von der Gastfreundschaft der Glaubensgeschwister abhängig (Mt.10,5ff). Mission konnte nur stattfinden, wo Gläubige gastfrei waren. Gemeinden trafen sich in Häusern, die zur Verfügung gestellt werden mussten (Röm. 16,5; 1.Kor. 16,19; Kol. 4,15). Deshalb versah Jesus die Gastfreiheit mit seinen Verheißungen (Mt. 10,40-42) und drohte ewige Strafe denen an, die sie verweigerten (Mt. 25,43).

Mögliche Gefahren

- Menschen mit der Gabe der Gastfreundschaft stehen in der Gefahr, den Gast für so wichtig zu halten, dass andere Aufgaben dabei liegen bleiben;

- Sie neigen dazu, selbst zu kurz zu kommen;

- Sie verausgaben sich schnell.

Maßstäbe

Alle Gemeindeglieder sollen gastfrei sein ohne Murren (1.Petr. 4,9), sie sollen ihre Pflichten nicht vergessen (Hebr. 13,2) und sich in der Gabe üben, sprich darin immer besser werden (Röm. 12,13).

persönliche Notizen

22.4. Schritte in die Praxis

Definition

Die Gabe der Gastfreundschaft ist eine besondere Fähigkeit, die Gott einigen Gliedern am Leibe Christi gibt, die sie befähigt, sich ganz besonders der Nöte und Bedürfnisse der Fremden anzunehmen und ihr Haus für sie zu öffnen.

Der mit *philoxenia* begabte Mensch verfügt über:

- ... einen besonderen Blick für die Bedürfnisse und Nöte seiner Gäste;
- ... einen ausgesprochen menschenfreundlichen Charakter;
- ... Sinn für Kreativität und Einfühlungsvermögen in den Geschmack des anderen;
- ... Geduld und Ausdauer, mit der Andersartigkeit seines Nächsten umgehen zu können.

Wo kann sie eingesetzt werden?

Menschen mit der Gabe der Gastfreundschaft können eingesetzt werden in:

- Randgruppenarbeit;
- Ausländerarbeit;
- Freizeitarbeit;
- Hauskreis- bzw. Hauszellenleitung.

Wird die Gabe noch gebraucht?

Gerade heute, in der Zeit des Individualismus und der Globalisierung, gewinnt Gastfreundschaft wieder an Wert. Menschen, die in Folge von Umsiedlung Haus, Hof und Heimat verloren haben, brauchen die Wärme eines gastfreien Hauses. Zum anderen entdecken viele Gemeinden wieder die Bedeutung des privaten Hauses für die Mission und Evangelisation. Es sind vor allem Hauskreise und Hauszellen, in denen heute Menschen zum Glauben an Jesus Christus kommen.

Habe ich die Gabe der Gastfreundschaft?

- Bin ich gerne unter Menschen?
- Habe ich gerne Gäste?
- Halte ich meine Gäste auch über einen längeren Zeitraum aus?
- Kann ich mich ohne weiteres auch auf unerwartete Besucher einstellen?
- Kann ich mich in die Bedürfnisse meiner Gäste einfühlen?

Wer könnte bei uns in der Gemeinde die Gabe der Gastfreunschaft haben?

Am ehesten

Vielleicht

Möglicherweise

22.5. Gruppengespräch

A Welche Rolle spielen in unserer Gemeinde offene und gastfreie Häuser?

B Warum ist Gastfreundschaft eine Tugend, ohne die moderne Gemeindearbeit schlecht möglich ist?

C Was zeichnet Menschen mit der Gabe der Gastfreundschaft aus?

D Wie kann man Gastfreundschaft üben?

Lektion 23

DIE GABE DER MUSIK

Musik ist nicht gleich Musik. Wenigstens nicht für mich. Auch dir gefällt sicher nicht jede Musik. Wie unterscheidest du gute von schlechter Musik? Bitte ergänze folgende Sätze.

A Gute Musik lässt mich ...

B Schlechte Musik erkenne ich an ...

23.1. Persönliche Besinnung

C Es gibt auch gute und schlechte geistliche Musik. Sind die Merkmale die gleichen, oder würdest du geistliche Musik grundsätzlich anders bewerten wollen? Bitte begründe.

D Kennst du christliche Musiker? Was unterscheidet einen guten christlichen Musiker von seinen Kollegen in der Welt? Nenne mindestens zwei Punkte.

1.

2.

23.2. Einblick

Gesang spielte in unser Gemeinde immer eine wichtige Rolle. Man achtete darauf, dass sowohl der Gemeinde- als auch Chorgesang von Leuten geleitet wurde, die etwas von Musik verstanden. Oft waren sie gut musikalisch gebildet. Aber gute musikalische Kenntnisse haben sich bald als unzureichend erwiesen, wenn es zum Beispiel darum ging, Anbetung in der Gemeinde zu leiten. Nicht, dass unsere Geschwister schlechte Lieder aussuchten oder die musikalische Begleitung hinkte. All das stimmte und doch gelang es den Leuten nicht, die Gottesdienstbesucher in die Anbetung Gottes zu führen. Eines Tages waren alle gut ausgebildeten Musiker zum Dienst in einer anderen Gemeinde. So wurde Tobias gebeten, die Anbetung zu leiten. Er verstand auch etwas von Musik, aber im Laufe der Jahre übernahm er so viele andere Aufgaben in der Gemeinde, dass die Musik an den letzten Platz in seinem Leben rutschte. Wenigstens kam es den anderen so vor. Kaum hatte Tobias das Mikrophon in seiner Hand, schienen sich die Menschen im Saal merkwürdig zu beruhigen. Und bald war die Gemeinde in der Anbetung, von der immer wieder nur geredet wurde. Tobias musste am nächsten Sonntag wieder ran und dann wieder, bis er diesen wichtigen Dienst in der Gemeinde übernahm. Auch wenn er nicht der beste Musikfachmann ist, so ist er doch, so scheint es, besonders von Gott begabt, die Musik in den Dienst Gottes zu stellen.

23.3. Blick in die Bibel

Text

1.Kor.14,26; Eph.5,18-20; Kol.3,15-17.

Eine Gabe der Musik wird als solche in der Bibel nicht erwähnt. Die hier angegebenen Texte weisen aber darauf hin, dass die von der Gemeinde benutzten Psalmen und geistlichen Lieder geistgewirkt sind und damit ein Produkt von Menschen, die dafür vom Geist Gottes begabt wurden. Aus diesen Überlegungen habe ich mich entschlossen, die Gabe in die Liste der Geistesgaben aufzunehmen.

Begriff

Vom Geist gewirkte Lieder = griechisch pneumatikais odais (so in Eph. 5,19). Der Begriff beschreibt Gesang, der vom Geist Gottes gewirkt wird und den Geist Gottes Gottes vermittelt.[26] Es ist nicht nur geistlicher Gesang, sondern vom Geist Gottes gewirkter Gesang. Dieser kann sich sowohl auf bestehende Psalmen und Hymnen als auch auf neue, im Herzen gewirkte Lieder, beziehen.

---

[26] Vermutlich bezieht sich das Attribut pneumatikais = geistliche auch auf die im Text erwähnten Psalmen und Hymnen (siehe dazu Gnilka 1971:270).

Aufgabe

Menschen mit der Gabe der Musik wurden im Alten Testament zum Lobpreis Gottes mit Stimme oder Instrument eingesetzt (1.Chr. 15,19-20f). Sie wurden angehalten, die Anbetung des Volkes zu leiten (Neh. 12,46) und das Volk zu lehren, Gott zur Ehre zu singen (1.Chr. 15,22). Am Beispiel Davids und seinem Harfenspiel (1.Sam. 16,14-23) wird deutlich, dass Musik auch seelsorgerlich eingesetzt werden konnte. Das Spiel des David beruhigte den vom bösen Geist geplagten König Saul. Ob es sich allerdings bei allen diesen Fällen um Geistesgaben oder eher natürliche Gaben handelt, ist nicht mit Sicherheit auszumachen. Dagegen können die neutestamentlichen Texte in 1.Kor.14,26; Eph. 5,18-20 und Kol. 3,15-17.21 in diese Richtung gedeutet werden. Paulus sieht in der Darbietung eines Psalms einen echten Beitrag zum geistgewirkten Gottesdienst (1.Kor. 14,26). Durch das geistgewirkte Singen soll die Gemeinde ermuntert, ermahnt und ermutigt werden (Eph. 5,18-20) und der Dank Gott gebracht werden (Kol. 3,16). Der musikbegabte Mensch dient Gott durch seine Fähigkeit, Worte und Gefühle in Anbetung zu fassen und durch Psalm und Lied Menschen seelsorgerlich aufzubauen.

Mögliche Gefahren

- Menschen mit der Gabe der Musik stehen in der Gefahr, Musik um der Musik willen zu machen. So tritt Gottes Ehre auf den zweiten Platz;

- Sie wollen gut sein und ihr Bestes geben. Performance-Orientierung kann aber auch den Blick von Gott auf den Musiker selbst richten.

Maßstäbe

Der einzige wirkliche Maßstab ist der Einsatz von Musik und Gesang in der Bibel. Dabei ist es wichtig zu beachten, dass die Bibel keine negative Wertung der Musik an sich kennt. Nicht welche Musik und auch nicht welche Musikinstrumente gespielt werden ist entscheidend, sondern wie diese zur Ehre Gottes eingesetzt werden.

persönliche Notizen

23.4. Schritte in die Praxis

Definition

Die Gabe der Musik ist eine besondere Fähigkeit, die Gott einigen Gliedern am Leibe Christi gibt, die sie befähigt, in einer ganz besonderen Weise Worte und Gefühle in Psalm und Lied zu fassen. Als Ergebnis werden die Menschen in Anbetung und Lobpreis geführt oder auch geistlich ermuntert, ermahnt und aufgebaut.

Der mit der Gabe der Musik begabte Mensch verfügt über:

- ... musikalisches Gehör und eine gute Stimme;
- ... eine poetische, dichterische Begabung;
- ... ein Gefühl, wann und was gesungen oder gespielt werden soll und wie bestimmte Gefühle in Töne und Verse umgesetzt werden können;
- ... intuitives Wissen, was recht und was unrecht ist;
- ... gute Menschenkenntnis.

Wo kann sie eingesetzt werden?

- Gottesdienstliche Gestaltung;
- Evangelisationsprogramm;
- Leitung musikalischer Kreise in der Gemeinde;
- Anbetungsleitung;
- Therapeutische Seelsorge.

Wird die Gabe noch gebraucht?

Die Frage erübrigt sich, denn die Gemeinde Jesu ist dazu berufen, Gott anzubeten und Ihn zu preisen und diese Berufung wird weder auf Erden noch im Himmel aufgelöst.

Auch in der Seelsorge wird, so lange wir auf der Erde leben, Bedarf an Hilfe sein. Heute entdeckt man immer mehr die heilende Bedeutung der Musik.

Habe ich die Gabe der Musik?

- Habe ich eine musikalische Begabung?

- Kann ich gut Singen? Dichten? Komponieren?

- Singt man mir nach? Initiiere ich Gesang in der Gemeinde? In den Gebetsgemeinschaften?

- Habe ich oft den Eindruck, dass ein bestimmtes Lied dran wäre, so z.B. im Gottesdienst, oder auch während eines Gesprächs mit den Menschen? Entstehen diese Lieder in mir? Höre ich sie in meinem Herzen?

- Wache ich oft singend (im Herzen) auf?

- Begleiten mich bestimmte, auch unbekannte Melodien, wenn ich in persönlicher Andacht und Anbetung vor Gott stehe?

Wer könnte bei uns in der Gemeinde die Gabe der Musik haben?

Am ehesten

Vielleicht

Möglicherweise

23.5. Gruppengespräch

A Was ist der Unterschied zwischen einer natürlichen musikalischen Begabung und einer besonderen Gabe des Heiligen Geistes? Wie äußert sich dieser Unterschied in der Praxis?

B Kennst du Menschen mit dieser Gabe? Wer könnte die Gabe in deiner Gemeinde haben? Was zeichnet diese Menschen aus?

C Warum genügt es nicht, NUR eine musikalische Begabung zu haben, um effektiv Anbetung in der Gemeinde leiten zu können?

D Kennst du seelsorgerliche Einrichtungen, die Musiktherapie als Teil ihres Angebots an kranke Menschen anbieten?
Wie arbeiten diese Therapeuten?

E An welcher Stelle kann Musik in die Gemeindeseelsorge eingebunden werden?

ZWISCHENERGEBNIS: Gaben in der Gemeinde

Wir haben uns nun in mehreren Stunden die Gaben des Dienstes näher angesehen. Dabei ging es auch immer wieder darum, sowohl sich selbst als auch die anderen Mitglieder der Gruppe mit dem jeweiligen Gabenprofil zu vergleichen und eine mögliche Einordnung vorzunehmen. An dieser Stelle sollen die Ergebnisse zusammengetragen werden. Es ist empfehlenswert, auch andere Gemeindemitglieder, die nicht am Jüngerschaftskreis teilnehmen, in die Überlegungen einzubeziehen. Folgende Liste sollte als Ergebnis des Gesprächs ausgefüllt werden.

GABE	evident	latent	nicht vorhanden
Dienen			
Helfen			
Leiten			
Geben			
Barmherzigkeit			
Geisterunterscheidung			
Glaube			
Dämonenaustreibung			
Heilung			
Gebet			
Musik			
Gastfreundschaft			

Teil V: DIE ZEICHENGABEN

Eine Reihe von Gaben des Heiligen Geistes haben mit der besonderen zeichenhaften Proklamation der Autorität Gottes zu tun. Als solche haben wir im Neuen Testament entdeckt die Gaben der: Heilung[27], Sprachenrede, Auslegung von Sprachen und des Wunderwirkens. Die wichtigste Aufgabe der Träger dieser Gaben ist, Gottes Autorität auf eine besondere Art und Weise zu proklamieren.

---

27 Weil die Gabe der Heilung im vorigen Abschnitt behandelt wurde, ist auf eine gesonderte Reflektion dieser Gabe in diesem Abschnitt verzichtet worden. Es würde sich jedoch empfehlen, auch diese Gabe unter dem besonderen Gesichtspunkt der Zeichen Gottes neu zu behandeln.

Lektion 26

DIE GABE DES WUNDERWIRKENS

A Hast du schon einmal ein Wunder Gottes erlebt? Wie war das? Beschreibe deine Erfahrung in einigen Sätzen.

26.1. Persönliche Besinnung

B Kennst du Menschen, die oft von Wundern Gottes in ihrem Leben berichten? Ist das echt, was diese Menschen erleben? Wie kommt es, dass sie so oft und du so selten Gottes Wunder erlebst? Versuche, eine Antwort zu geben.

26.2. Einblick

Auf das Wort von Schwester Helga konnte man sich fast immer verlassen. Wenn sie uns eine gute Reise wünschte, dann war ihr Wunsch immer zugleich auch ein Segen. Wir fuhren, zum Beispiel, im Winter auf eine Dienstreise. Unser Missionsauto hatte abgefahrene Sommerreifen. Die Straßenverhältnisse waren katastrophal. Man meldete Glatteis. „Fahrt nur ruhig, Gott hat den Weg vor euch versiegelt", sagte sie. Und wir fuhren. An einer Stelle mussten wir anhalten. Ich verließ den Wagen und fiel sofort hin, so glatt war der Straßenbelag. Unser Auto aber rutschte nicht. Gott hatte den Weg vor uns versiegelt. Helga wusste es. Oder geschah es erst auf ihr Wort? Sie schien eine besondere Begabung zu haben, die natürlichen Verhältnisse, wo diese dem Vorhaben Gottes im Wege standen, außer Kraft zu setzen. Sie tat es mit einer solchen Selbstverständlichkeit, dass wir alle nicht einmal darauf kamen, bei ihr die besondere Gabe des Wunderwirkens zu vermuten.

28 Koch o.J.:109.

26.3. Blick in die Bibel

Text

1.Kor. 12,10

Begriff

Der Begriff energemata dynameion setzt sich zusammen aus zwei Worten, die jeweils von 1. energeo = wirken, vollführen (v.6) und 2. dynamis = Kraft (Lk. 9,1) abgeleitet sind und so viel meinen wie die Fähigkeit, eine besondere Kraft zu wirken, wobei dynamis-Kraft im Zusammenhang des NT immer Gottes Kraft (Apg. 1,8; 1.Kor. 1,18) meint, also die Kraft, etwas Göttliches zu wirken (vgl. Mk. 6,2.5; Mt. 11,20ff).

Aufgabe

Wundertaten sind eng mit dem apostolischen Dienst verbunden, dem Dienst der Heilung und des Glaubens (2.Kor. 12,12). Im NT wird unter anderem im Leben von Jesus (Mk. 6,2; Lk. 9,10-17), Petrus (Mt. 14,28-33; Apg. 9,36-42; Röm. 15,18ff), der Jünger Jesu (Lk. 10,17-20) und des Paulus (Apg. 19,11; Apg. 20,9-12) von der Erfahrung der Wunder berichtet. Wunderwirkung geschah ganz allgemein in der Gemeinde (1.Kor.12,10.28), im besonderen Dienst eines Apostels (2.Kor. 12,12), in der Mission (Mk. 16,18) und in außerordentlichen Situationen in der Gemeinde (Apg. 20,9-12). Da wo die Gabe des Wunderwirkens zum Tragen kommt, befindet sich der Gläubige oder die Gläubigen zumeist in einer ausweglosen Situation, die das besondere Eingreifen Gottes notwendig macht.

Mögliche Gefahren

- Menschen mit der Gabe des Wunderwirkens sind gefährdet, sich selbst durch den Einsatz ihrer Gabe ins Rampenlicht zu stellen und damit Gottes Ehre für sich selbst zu beanspruchen;

- Sie können stolz und unnahbar werden;

- Sie stehen in der Gefahr, unbelehrbar zu werden.

Maßstäbe

Wunderwirkung in der Heiligen Schrift geschah immer zur alleinigen Verherrlichung Gottes. Auch da, wo durch den Einsatz der Gabe der Dienst eines Apostels bestätigt wurde, ging es letztendlich nicht um die Hervorhebung des Apostels, sondern dessen, der ihn gesandt hat. So kann der Maßstab zum Einsatz dieser Gabe auch nur die Frage sein: „Treibt das, was hier geschehen soll Christus?" Wird Gott damit verherrlicht? Ist das, was mit dem beabsichtigten Wunder verursacht wird biblisch begründbar?

persönliche Notizen

26.4. Schritte in die Praxis

Definition

Die Gabe des Wunderwirkens ist eine besondere Fähigkeit, die Gott einigen Gliedern am Leibe Christi gibt, mächtige Taten Gottes zu vollbringen, die Naturgesetze durchbrechen. Solche Taten können Veränderung natürlicher Umgebung, Heilung, Auferweckung von Toten u.s.w. beinhalten.

Der mit der Gabe des Wunderwirkens begabte Mensch verfügt über:

- ... ein Bewusstsein dessen, was Gott tun kann;
- ... Mut, Grenzen des Natürlichen zu durchbrechen;
- ... ein ausgesprochenes Sendungsbewusstsein;
- ... ein besonderes Wissen um den Auftrag, das Außergewöhnliche zu tun.

Wo kann sie eingesetzt werden?

Menschen mit der Gabe des Wunderwirkens können eingesetzt werden in:

- Befreiungsdienst;
- Heilungsdienst;
- Außerordentlichen Situationen in der Mission und Gemeinde.

Wird die Gabe noch gebraucht?

Gerade in einer Zeit, wo Menschen wieder ganz neu an die Grenzen des Natürlichen gestoßen sind und ein großes Interesse für die Welt außerhalb ihrer natürlichen Fähigkeiten zeigen, kann die Gabe des Wunderwirkens das Interesse an Gott und seinem Wort neu wecken. Wundertaten sind eng mit dem apostolischen Dienst verbunden, dem Dienst der Heilung und des Glaubens (2.Kor. 12,12). Und diese Dienste sind auch heute aktuell.

Habe ich die Gabe des Wunderwirkens?

- Habe ich ein Bedürfnis, etwas Übernatürliches zu tun?
- Kann ich Gott leicht glauben?
- Machen mir natürliche Hindernisse auf dem Weg des Glaubens große Probleme?
- Bin ich eine mutige Persönlichkeit?
- Habe ich die Gabe eines Apostels?
- Habe ich die Gabe des Glaubens?

Wer könnte bei uns in der Gemeinde die Gabe des Wunderwirkens haben?

Am ehesten

Vielleicht

Möglicherweise

26.5. Gruppengespräch

A Gab es in eurem Leben Situationen, wo man nur durch ein Wunder Abhilfe erfahren konnte? Wie war das? Wen hat Gott für diesen Dienst gebraucht?

B Was ist der Unterschied zwischen Wundertaten und Wundersucht?

C Wo liegen die Gefahren der Wundersucht in der Gemeinde?

D An welcher Stelle in der Gemeinde könnte die Einsetzung der Gabe des Wunderwirkens die Situation wesentlich verändern?

E Wer könnte in der Gemeinde die Gabe des Wunderwirkens haben?

Lektion 27

DIE GABE DES SPRACHENREDENS

A Die Meinungen über die Gabe des Zungenredens gehen weit auseinander. Die einen lehnen diese als eine von Gott nur für eine bestimmte Zeitepoche gegebene Gabe, die in der Gegenwart nicht mehr benötigt wird, radikal ab. Für sie sind Menschen, die diese Gabe praktizieren, Irrlehrer. Die anderen sehen in der Gabe den Beweis für die Taufe mit dem Heiligen Geist. Was glaubst du? Kannst du deine Meinung biblisch begründen? Versuche es einmal schriftlich.

27.1. Persönliche Besinnung

B Kennst du Menschen, die die Gabe der Zungenrede praktizieren? Was sagen sie über ihre Erfahrungen? Fallen diese Menschen auf? Wodurch? Bitte beantworte folgende Fragen dazu.

- Lieben Menschen mit der Gabe des Zungengebets Jesus Christus?
- Sind sie besonders anfällig für Irrlehren?
- Gestalten sie ihr Leben nach dem Wort Gottes?
- Halten sie sich an Sonderoffenbarungen?
- Sind sie bereit, ihr Leben für Jesus Christus ganz einzusetzen?
- Haben diese Menschen wirkliche Kraft Gottes?
- Ist der Heilige Geist an die Stelle Jesu Christi bei ihnen getreten?

C Hast du schon einmal Zungenrede gehört? Wie war das? Bitte beschreibe diese Erfahrung mit eigenen Worten.

27.2. Einblick

Linda war ein stiller Mensch. Sie sagte nicht viel. Aber jeder in der Gemeinde wusste, bei ihr war man sicher, wenn man Hilfe brauchte oder auch nur einfach ein Wort des Trostes. Linda war die erste in der Gemeinde, der man Gebetsanliegen weitergab. Jedermann wusste, wenn Linda versprach zu beten, dann betete sie auch. Und wenn sie betete, half der Herr. Linda verbrachte ganze Nächte im Gebet. Wenn man sie fragte, wo sie denn so viele Gebetsanliegen finde, antwortete sie bescheiden: „Manchmal fehlen auch mir die Worte, dann betet der Geist Gottes in mir weiter." Da man in ihrer Gemeinde nicht an die besondere Gabe des Zungengebets glaubte, sagte sie meist nicht mehr. Und niemand fragte nach. Nur viel später, nach ihrem Tod, erfuhr man, was Linda mit dem Beten im Geist meinte. Sie sprach dann in einer ihr unbekannten Sprache. Linda hatte sich einer guten Freundin anvertraut. „Die Worte kamen in ihr einfach hoch, ohne dass sie diese machen musste. Es waren völlig unverständliche Worte, aber sie klangen wie wirkliche Worte und sie klangen schön. Linda verstand davon nichts, aber sie schien diese Worte mit besonderer Betonung zu sprechen, so als wären es die wichtigsten Begriffe, die sie je in ihrem Leben ausgesprochen hatte." Linda hatte die Gabe des Zungengebets. Sie hatte nie darüber gesprochen. Aber der Segen in ihrem Leben war unverkennbar.

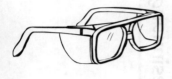

27.3. Blick in die Bibel

Text

1.Kor. 12,10; 12,30.

Begriff

Arten von Sprachen = griechisch gene glosson (1.Kor. 12,10) oder lalein glosse (1.Kor.14,2). Der Begriff setzt sich in beiden Fällen aus zwei Wörtern zusammen, wobei in 1.Kor. 12,10 die eigentliche Bezeichnung der Gabe mit gene = Arten und glosson = Zungen im Sinne von gesprochener Sprache meint. Man sollte daher von Spracharten, oder verschiedenen Sprachen reden. Die Ausübung der Gabe wird mit lalein = reden und wieder glossa = Sprache (1.Kor.14) bezeichnet. Aus dem zweiten leitet sich dann auch die eingebürgerte Bezeichnung für das Sprachengebet glossalalia ab. Im NT wird das Phänomen aber auch neue Sprachen (Mk. 16,17), andere Sprachen (Apg. 2,4) oder einfach Sprachen (1.Kor.14,5.6.18.23.39) genannt. Der Begriff bezeichnet das Vermögen des Begabten, in einer Sprache zu reden, die er/sie nicht erlernt hat und auch nicht versteht. Es handelt sich also nicht um ekstatisches Lallen oder um ein unverständliches Kauderwelsch, sondern um eine wirkliche Sprache.

---

29 Siehe dazu: TWNT 1, S.721ff;
30 Siehe zu der Diskussion: Larry Christenson, Die Gnadengabe der Sprachen und ihre Bedeutung für die Kirche. Edel: Marburg 1976, S. 20ff.

Aufgabe

Die Gabe des Zungenredens ist als besondere Begleiterscheinung der Sendung des Heiligen Geistes an Pfingsten zum ersten Mal aufgetreten (Apg. 2,1-13). Hier wird sie als evangelistisches Mittel an Leute, die der Sprache der Jünger in Jerusalem nicht mächtig sind, gebraucht. Es ist ein Zeichen der Gegenwart Gottes im Heiligen Geist. Ganz ähnlich in Apg. 10,44ff; Apg. 19,1-7, wo die Kraft des Heiligen Geistes Heiden zuteil wird. Die Gabe wird auch als Begleiterscheinung der Nachfolger Jesu beschrieben (Mk. 16,17). Dagegen versteht Paulus die Gabe als eine für die private Zeit zwischen Mensch und Gott gegebene Gabe, die nur im Falle des Vorhandenseins eines Auslegers auch für die Gemeinde von Bedeutung ist. (1.Kor. 14,4-6.18). Der Sinn der Gabe besteht demnach in der innigsten geistlichen Gemeinschaft zwischen Gott und Mensch, wobei sie auch als Verkündigungsmittel gebraucht werden kann, wenn in der Gemeinde Übersetzer (Menschen mit der Gabe der Auslegung) vorhanden sind.

Mögliche Gefahren

- Überheblichkeit und Rechthaberei (1.Kor. 13,1), besonders wenn man die Gabe als das Zeichen der Geistestaufe betrachtet;
- Unordnung in der Gemeinde (1.Kor. 14,27);
- Unbedachtes Reden zur falschen Zeit (1.Kor. 14,28);
- Unkontrolliertes Segnen – Gefahr der Beeinflussung durch Geister der Finsternis;
- Missbrauch als Gottes Stimme in sogenannten Weissagungen.

Maßstäbe

Die Schrift lehrt uns, dass die Gabe des Zungenredens vor allem zum privaten Gebrauch des Gläubigen gedacht ist (1.Kor 14,4ff). Wo sie in der Gemeindeversammlung gebraucht wird, muss das Gesagte übersetzt werden. Das kann sowohl ein natürlicher als auch übernatürlicher Vorgang sein.

Verpflichtung in der Bibel:

Wird seit dem Aufkommen der Pfingstbewegung Anfang des 20ten Jahrhunderts immer wieder als Zeichen der Geistestaufe auf Grund von Apg. 2; 10; 19 betrachtet. Die Hlg. Schrift lehrt dagegen eine solche Pflicht zur Zungenrede nicht (siehe 1.Kor. 12,10.28.30; 14,4-6).

27.4. Schritte in die Praxis

Definition

Die Gabe des Sprachenredens ist eine besondere Fähigkeit, die Gott einigen Gliedern am Leibe Christi gibt, in einer Sprache zu kommunizieren, die sie vorher nicht gelernt haben und die sie auch nicht verstehen. Dabei handelt es sich um eine nach Gattung und Art unterschiedene Sprache oder Sprachen!

Der mit *gene glosson* begabte Mensch verfügt:

- ... über die Fähigkeit, eine Sprache in seiner Kommunikation mit Gott und Menschen zu benutzen, die er vorher nicht gelernt hat.

Wo kann sie eingesetzt werden?

- Ganz allgemein in der Gemeinde (1.Kor. 12,10.28);
- Für die eigene Auferbauung (1.Kor. 14,4);
- Als Zeichen für den Ungläubigen (1.Kor. 14,22; Apg. 2,1ff) in der Evangelisation;
- In der Verkündigung an Menschen, deren Sprache man vorher nicht gekannt hat (Apg. 2,1ff).

Wird die Gabe heute noch gebraucht?

Warum soll sie nicht gebraucht werden? Wenn Gott den Menschen einen besonderen Weg der Kommunikation mit Ihm ermöglicht und diesen für wertvoll hält, wer sind wir, um diesen Weg für nutzlos zu erklären? Wir geraten allzu oft in Situationen, in denen uns die Worte fehlen, uns selbst vor Gott auszudrücken. Was ist falsch daran, dem Geist Gottes das Kommando zu übergeben und Ihm zu erlauben, in uns Sätze und Worte zu formulieren, die Sinn machen und den Zweck des Gebets erfüllen? Die Vorstellung der Dispensationalisten, die Gabe habe laut 1.Kor. 13,8ff aufgehört zu existieren, baut auf einem falschen Verständnis des Offenbarungsvorgangs und einer unzureichenden Exegese des besagten Textes (siehe oben) auf.

Habe ich die Gabe des Sprachenredens?

- Gerate ich in meinem Gebet in ein mir völlig unverständliches Reden vor Gott?

- Habe ich manchmal den Eindruck, dass sich merkwürdige Töne in meinem Bewusstsein formen, die ich am liebsten aussprechen würde?

Wer könnte bei uns in der Gemeinde die Gabe des Sprachenredens haben?

Am ehesten

Vielleicht

Möglicherweise

27.5. Gruppengespräch

A Wie steht man in deiner Gemeinde zur Gabe der Sprachenrede? Warum? Wie wird diese Haltung begründet?

B Hast du schon einmal jemanden Sprachenreden gehört? Wie war das? Was passiert deiner Meinung nach mit Menschen, die in Sprachen beten/reden?

C Wie versteht man 1.Kor. 13,8ff? Diskutiert die unterschiedlichen Positionen.

D Auch die Zeugen Jehovas vertreten die Lehre, dass Sprachenreden als Gabe aufgehört hat zu existieren. Warum ist es ihnen wichtig, an einer solchen Lehre festzuhalten?

E Wie stellst du dir die persönliche Gemeinschaft mit Gott vor? Wie redet der Heilige Geist zu dir heute?

Lektion 28

DIE GABE DER AUSLEGUNG VON SPRACHEN

A Was verbirgt sich, deiner Meinung nach, hinter der Gabe der Auslegung von Sprachen? Warum? Bitte begründe.

28.1. Persönliche Besinnung

B Hast du diese Gabe schon einmal in der Praxis erlebt? Wie war das? Fiel es dir leicht, der Auslegung zu glauben? Beschreibe deine Erfahrung.

28.2. Einblick

Peter wuchs in einer evangelikalen Gemeinde auf, in der man nichts von Sprachengebet hielt. Er studierte in Hamburg und kam eines Tages eher zufällig in einen Kreis junger Leute, die unter anderem auch die Gabe des Sprachenredens praktizierten. Dieses laute und unverständliche Reden in unverständlichen Worten machte ihm anfangs Angst, aber nach einer Weile fing er an, genauer der neben ihm stehenden Frau zuzuhören. Auf einmal kam es ihm so vor, als ob er zwar die Worte immer noch nicht verstehen konnte, aber innerlich wusste, was die Frau sagte. Er erschrak erst, aber weil das, was die Frau leise vor sich hin sagte, so schön war, hörte er innerlich weiter zu. „Nach dem Abend fühlte ich mich irgendwie von Gott besonders berührt, und ich fand es nur schade, dass ich es den anderen nicht sagte," erzählte mir Peter Jahre später. Er besuchte weiter den Kreis und machte leider bald die Erfahrung, dass er nur sehr selten den inneren Eindruck hatte zu verstehen, was die jungen Leute in Sprachen beteten. Viel öfter machte ihm das, was da gemacht wurde, Angst. Auch wenn das Gesagte übersetzt wurde, hatte Peter oft den Eindruck, dass die Übersetzung falsch war, genau so wie die Sprache, die da übersetzt wurde. Bald verliess Peter den Kreis und sprach nur selten von seiner merkwürdigen Erfahrung. Zu den charismatisch begabten Christen fand er keinen Zugang. „Ich habe den Eindruck, da wird viel Falsches für Echt erklärt", sagte er.

28.3. Blick in die Bibel

Text

1.Kor. 12,10; 12,30.

Begriff

Auslegung von Sprachen = griechisch ermeneia glosson, ist ein aus zwei Worten zusammengesetzter Begriff. Dabei steht ermeneia für Übersetzung, Auslegung, Interpretation (unser modernes Wort Hermeneutik = Prinzipien der Deutung = stammt daher) und glosson für Sprachen. Wer also ermeneia praktiziert, der übersetzt nicht nur, sondern legt zugleich aus. Der Begriff bedeutet also so viel wie sinngemäße Übersetzung der Sprachen in den Verständnishorizont des Zuhörers. Wichtig ist dabei die Tatsache, dass es dabei nicht um unverständliches Wortemachen geht, sondern um Auslegung echter Sprachen!

Aufgabe

Die Aufgabe des mit der Gabe begabten Menschen ist es, die in der Sprache vermittelte Information der Gemeinde zu übersetzen, damit diese erbaut wird (1.Kor. 14,5).

Mögliche Gefahren

- Überheblichkeit und Rechthaberei (1.Kor. 13,1);
- Unbedachtes Reden zur falschen Zeit (1.Kor. 14,28);
- Missbrauch als Gottes Stimme in sogenannten Weissagungen.

Maßstäbe und Verpflichtung in der Bibel:

Diese Gabe ist Pflicht, wenn die Gabe des Sprachenredens öffentlich ausgeübt werden soll (1.Kor. 14, 28).

28.4. Schritte in die Praxis

> **Definition**
>
> Die Gabe der Auslegung der Sprachen ist eine besondere Fähigkeit, die Gott einigen Gliedern am Leibe Christi gibt, verschiedene Sprachen, die sie vorher nicht gelernt haben, zu verstehen und zu deuten.

Der mit *ermeneia glosson* begabte Mensch verfügt:

- über die Fähigkeit, eine von ihm oder einem anderen Menschen benutzte und vom Heiligen Geist gewirkte Sprache zu verstehen und zu deuten.
- Diese Fähigkeit ist nicht auf eine Sprache begrenzt.

Wo kann sie eingesetzt werden?

- Ganz allgemein in der Gemeinde (1.Kor. 12,10.30);
- Beim Einsatz einer Gabe des Sprachenredens in der Gemeinde (1.Kor. 14,4);
- Bei der Wiedergabe eines prophetischen Wortes gesprochen in einer fremden Sprache (1.Kor. 14,28ff).

Wird die Gabe heute noch gebraucht?

Durch die nahezu alle Kirchen und Gemeinden erfassende charismatische Bewegung ist der Einsatz der Gabe zu einer der größten Herausforderungen geworden. Leider praktizieren viele Christen die Gabe des Sprachenredens, ohne auch an Auslegung zu denken. Das Fehlen der Gabe der Auslegung kann auch ein Hinweis sein, dass die praktizierten Sprachenreden nicht wirklich vom Geist Gottes gewirkt sind.

Einsatzmöglichkeiten heute:

- Mission;
- Auferbauung der Gemeinde durch das Deuten des Redens in unbekannten Sprachen.

Ausrüstung:

- Begabung durch den Geist Gottes;
- Gründliche Kenntnis des Wortes Gottes;
- Grundsätzliche Überprüfung der Gabe durch Geschwister mit der Gabe der Geisterunterscheidung;
- Korrekturfähigkeit.

Persönliche Notizen

Habe ich die Gabe der Auslegung von Sprachen?

- Habe ich manchmal den Eindruck, dass ich weiß, was Menschen im Gottesdienst sagen, obwohl diese eine mir völlig unbekannte Sprache sprechen?

- Habe ich ein erhöhtes Interesse an Sprachen?

- Kann ich leicht Sprachfetzen aus anderen Sprachen zuordnen?

- Habe ich den Eindruck zu wissen, was Menschen, die in Zungen reden, sagen?

Wer könnte bei uns in der Gemeinde die Sprachenauslegungs-Gabe haben?

Am ehesten

Vielleicht

Möglicherweise

28.5. Gruppengespräch

A Was verbirgt sich hinter der Gabe der Auslegung von Sprachen?

B Sind sprachbegabte Menschen grundsätzlich mit der oben dargestellten Gabe begabt?

C Warum nennt die Bibel diese Gabe eine Gabe der Auslegung und nicht Übersetzung?

D Wie hören Menschen mit der Gabe der Auslegung der Sprachen den Inhalt aus der fremden Sprache heraus?

E Kennst du Menschen mit der Gabe?

F Was empfinden diese Menschen?

G Warum ist es wichtig, die Gabe in der Gemeinde zu haben?

ZWISCHENERGEBNIS: Gaben in der Gemeinde

Wir haben uns nun in mehreren Stunden die Zeichen-Gaben näher angesehen. Dabei ging es auch immer wieder darum, sowohl sich selbst als auch die anderen Mitglieder der Gruppe mit dem jeweiligen Gabenprofil zu vergleichen und eine mögliche Einordnung vorzunehmen. An dieser Stelle sollen die Ergebnisse zusammengetragen werden. Es ist empfehlenswert, auch andere Gemeindemitglieder, die nicht am Jüngerschaftskreis teilnehmen, in die Überlegungen einzubeziehen. Folgende Liste sollte als Ergebnis des Gesprächs ausgefüllt werden.

GABE	evident	latent	nicht vorhanden
Wunderwirken			
Reden in Sprachen			
Auslegung von Sprachen			

Teil VI
AUS DER PRAXIS FÜR DIE PRAXIS

Lektion 29

HINDERNISSE BESEITIGEN

29.1. Persönliche Besinnung

A Jetzt kennst du die meisten Gaben des Heiligen Geistes. Wenigstens im Ansatz. Und welche hast du? Bitte schreibe deine Gaben auf.

Gabe	Latent vorhanden	Evident vorhanden	Gabenkombination
1.			
2.			
3.			

B Fällt es dir immer noch schwer? Hast du immer noch Unklarheit? Warum ist das so? Wir haben den Weg zur Gabenfindung am Anfang dieses Studiums wie folgt festgelegt. Bist du diese Schritte bewusst so gegangen?

C Wir öffnen uns Gott im Gebet und erklären uns vor Gott bereit, seine Gnade nicht zu missachten und gehorsam zu befolgen. Glaubst du jetzt wirklich, dass es wichtig ist, Gottes Gnadengaben in deinem Leben zu entdecken? Hast Du dich ernsthaft mit diesem Anliegen an Gott gewandt? Schreibe deine Antwort auf:

D Wir machen uns sachkundig und befragen die Heilige Schrift im Bezug auf das Wesen, die Art und Weise, Zielbestimmung und praktische Erfahrung verbunden mit jeder in der Schrift erwähnten Gabe des Geistes. Kennst du die Gaben des Geistes, wie sie von der Heiligen Schrift beschrieben werden? Welche kennst du? Schreibe sie einmal für dich selbst auf:

E Brüder und Schwestern in Christus, die mit uns zusammen im Jüngerschaftskreis sind. Das Ziel der Übung besteht darin, ähnliche Geistesäußerungen bei uns oder den anderen festzustellen.

Hast du dich im Kreis deiner Freunde wirklich geöffnet?

War es dir wichtig, dass die anderen Teilnehmer des Kreises dir offen ihre Meinung sagen durften, oder hast du es eher innerlich abgeblockt auf sie zu hören?

Wessen Urteil konntest du am ehesten akzeptieren?

F Wir besprechen mit den Teilnehmern des Jüngerschaftskreises und allen voran mit unseren geistlichen Mentoren unsere Beobachtungen und gehen damit ins Gebet.

Hast du es gewagt, deine Eindrücke und das Herausgefundene mit den anderen zu teilen und dann mit ihnen zusammen ins Gebet zu gehen?

Worüber konntest du nicht reden?

Was hättest du den Leuten am liebsten mitgeteilt, falls du dazu die Freiheit gehabt hättest?

G Wir beginnen damit, die latent vorhandene Gabe einzusetzen, nachdem unsere Beobachtungen auch von anderen bestätigt werden.

Hast du es gewagt, latent vorhandene Gaben einzusetzen? Wo und wie?

Hast du die Wirkung, die von deiner Tätigkeit ausgegangen ist, beobachtet? Was geschah?

Hast du bei der Ausübung der Gabe inneren Frieden, oder eher Unruhe erfahren? Was sagen deine Mitmenschen? Was sagen die Leiter der Gemeinde?

Warum fällt es dir schwer, deine Gaben festzumachen? Versuche ein paar mögliche Ursachen zu formulieren.

Ein Blick hinter den Angstzaun

Warum erfahren wir nicht, welche Gabe Gott uns gegeben hat? Die Heilige Schrift nennt einige Ursachen:

Wir glauben Gott nicht. Glauben heißt Vertrauen. Im Bezug auf Gaben bedeutet Gott zu vertrauen, die Aussagen der Hlg. Schrift im Bezug auf die Art und Weise, wie und wem die Geistesgaben gegeben werden und die Notwendigkeit der Geistesgaben für die Ausführung des uns anvertrauten Dienstes ernst zu nehmen. Die Schrift sagt eindeutig, dass ein jeder (1.Kor. 12,7; 1Petr. 4,10) Jünger Jesu Gaben des Geistes erhalten hat. Das meint auch dich! Auch du bist von Gott begabt! Glaubst du das? Auch du wirst aufgerufen „mit der Gabe zu dienen, die du empfangen hast" (1.Petr. 4,10). Glaubst du das? Nimmst du das ernst?

Unser praktischer Unglaube in dieser Sache stellt eines der wichtigsten Hindernisse auf dem Weg zum geistbegabten Leben dar. Rick Yohn formuliert es zutreffend, wenn er schreibt: „Viel zu oft betrachten Christen Geistesgaben lediglich als Wunschträume. Sie werten sie als besondere Belohnungen, die der geistlichen Elite zuteil werden. Sie selbst ergehen sich in Demut und meinen, Gott habe sie eben nicht dazu ausersehen, Geistesgaben zu besitzen. Und doch wollen sie Gott dienen so gut sie können, trotz ihrer vermeintlichen Begabungslosigkeit."

Peter ist für diese Haltung ein gutes Beispiel. Sein ganzes Leben ist der Mann in die Kirche gegangen. Da er nicht singen kann, wurde er auch nie zum Chor eingeladen. Weil er sich nicht gewählt genug auszudrücken weiß, bot man ihm nie das Wort an. „Ein Seelsorger bin ich nicht, ich kann meinen Mund schlecht halten, und sonst ... tja, ich bin halt einfach ein bescheidener Christ. Ich bete manchmal", pflegte er mir zu sagen, wenn ich ihn auf seine schiefe Lebenslage ansprach. „Lass mich bloß damit in Ruhe. Das Wichtigste für mich ist, dass ich in den Himmel komme. Der Rest ist ja nicht so wichtig, oder?" Nun, ob etwas wichtig oder unwichtig ist, entscheidet sicher nicht unser Geschmack, sondern Gott! Und Gott hielt die Frage der Geistesbegabung für so wichtig, dass er dafür Jesus sterben ließ.
Nein, wer seine Gaben feststellen will, der sollte Gott ernst nehmen und Ihm glauben, dass er jedem seiner Kinder und damit auch dir Gaben gegeben hat!

Wir beten nicht. Ein zweites wichtiges Hindernis ist unser fehlendes Gebet. Wir setzen uns nicht ernsthaft dafür ein, dass Gott uns unsere Gaben zeigen kann. „Ihr habt nicht, darum dass ihr nicht bittet," schreibt Jakobus (Jak. 4,2). Das Gebet des Gerechten vermag viel, wenn es ernstlich ist (Jak. 5,16). Nur ist es oft nicht so. Warum? Liegt es daran, dass wir das Anliegen an sich nicht ernst nehmen? Oder dass unsere Theologie keinen Platz für eine biblische Gabenlehre hat? Wer nicht bittet – erhält nichts.

Wer seine Gaben feststellen möchte, der sollte das zum wichtigsten Anliegen in seinen Gebeten machen!

Wir haben falsche Motive. „Ich bete jeden Tag darum, aber erfahren habe ich bis heute nichts", sagte mir Tina in einem Gespräch über Gaben. Vielleicht betest auch du, aber Gott hört nicht. Warum? Kann es sein, dass deine Motive falsch sind? Der Apostel Jakobus sagt (Jak. 4,3): „Ihr bittet und empfangt nichts, weil ihr in übler Absicht bittet, nämlich damit ihr's für eure Gelüste vergeuden könnt." Wer nach Gaben des Geistes strebt, um dabei selbst möglichst groß herauszukommen, der braucht nicht zu erwarten, dass Gott sein

---

33 Yohn 1978:119.

Gebet hört. Geradezu umgekehrt, solche Menschen leben in der Gefahr, von Gott gänzlich verworfen zu werden. Das Beispiel des Simon in Apg. 8,18-24 bietet uns hierzu das beste Anschauungsmaterial. Er erblickte in der Geistesgabe ein neues Machtinstrument und war nun sogar bereit, dafür Geld zu bezahlen. Als Petrus das Ansehen des Mannes hörte, sagte er: „Das du verdammt werdest mitsamt deinem Gelde, weil du meinst, Gottes Gabe werde durch Geld erlangt."

Nein, die Gabe Gottes ist keine Handelsware und sie kann als solche auch nicht eingesetzt werden. Gottes Gaben sind, wie wir gesehen haben, Dienstgaben, und nur wenn wir uns in den Dienst des Herrn stellen, erfahren wir, womit uns der Herr beschenkt hat.

Wir haben keine Ahnung. Das vierte Hindernis hat mit unserer Unwissenheit zu tun, die du aber hoffentlich durch die Lektüre dieses Buches aufgehoben hast.

Wir haben Angst vor Menschen. Menschenfurcht ist das fünfte Hindernis, das uns von der Erfahrung der Gaben des Geistes zurückhält. In den meisten Fällen hat diese Angst in vorgefassten theologischen Meinungen ihren Grund. „So etwas hat bei uns noch niemand erfahren", heißt es meist aus dem Munde der Skeptiker. „So etwas erleben nur Charismatiker und Pfingstler", sagen andere. Auf jeden Fall bedeutet die mögliche Erfahrung der Gabe, möglicherweise ins Abseits zu geraten. Wie wird man mich sehen, wenn ich auf einmal ...? Was werden meine Freunde sagen? Werde ich meine Stellung behalten können? Diese und viele ähnliche Fragen halten Menschen ab, Gott um die besondere Gabe des Geistes zu bitten. Oder man schreibt dem Herrn vor, welche Gaben man bereit ist zu erhalten und auf welche man auf jeden Fall verzichten möchte. „Wenn ich die Gabe des Zungengebets bekommen sollte, dann kann ich meine Koffer packen", sagte mir ein bekannter Pastor. „Zungenredner sind bei uns in der Gemeinde nur noch Menschen von unten." Dieser Mann, der an sich davon überzeugt ist, dass auch heute noch alle Gaben des Geistes vorhanden sind, hat Angst, dass Gott ihm eine Gabe geben könnte, die ihn seinen Job kosten würde. Aus Angst, die Arbeit zu verlieren, sucht er erst gar nicht nach der besonderen Begabung. „Man weiß ja nie." Sollte uns da nicht eher Gottvertrauen erfüllen, dass uns der Vater nie eine Schlange geben wird, wenn wir ihn um ein Ei bitten?

Andere haben Angst, Unverständnis, Ablehnung in der Familie oder auch in der Gesellschaft zu erfahren. Oft ist diese Angst auch in den negativen Erfahrungen, die man mit sogenannten Trägern der Geistesgaben gemacht hat, begründet. Ich habe zum Beispiel das erste Mal Zungenrede in einer kleinen Gemeinde in Mittelasien erlebt. Die Leute haben dabei ohrenbetäubend geschrien. Ihre Gesichter haben sich dabei bis ins Tragikomische verzogen. Das Ganze dauerte fast eine Stunde lang. Manch ein Zungenbeter schien sich dabei völlig zu verausgaben. Ich werde diese Erfahrung nie vergessen. Sie hat mich sehr erschreckt. Und immer, wenn ich an Zungenrede gedacht habe, sah ich die Bilder aus Mittelasien vor meinen Augen. Wen wundert's, dass ich zu einem ausgesprochenen Gegner des Sprachengebetes wurde. Ganz ähnlich ist es mir übrigens auch mit der Gabe der Prophetie ergangen. Die Frage ist eben, ob das, was ich damals erlebt habe, biblische Zungenrede und biblische Prophetie war. Heute weiß ich, dass es das nicht war! Ich ließ mich von meiner angstbesetzten Erfahrung leiten und blieb über Jahre ohne Zugang zum Echten. Wer sich von der Angst leiten lässt, denkt nicht, Gottes besondere Zuwendung zu erfahren. Wer Gott als einen Gott der Liebe erfahren hat, der hat keine Angst, sondern die vollkommene Liebe treibt jede Angst aus (1.Joh. 4,7ff).

Ein neuer Anlauf lohnt sich immer

Du hast deine Gaben immer noch nicht festgemacht?
Gibt es Hindernisse in deinem Leben, die dein Fragen und Suchen stören? Benenne sie ehrlich und offen.

Hindernisse	Klar erkennbar	Möglicherweise
1.		
2.		
3.		
4.		

Wie denkst du, die Hindernisse aus dem Weg zu räumen? Versuche, einen Aktionsplan festzulegen. Besprich die Lage mit einem Seelsorger oder mit dem Jüngerschaftskreis.

Hindernisse	Seelsorger	Was ich zu tun gedenke
1.		

A Gibt es Teilnehmer in der Gruppe, die ihre Gaben noch nicht erkannt haben?

B Was stört sie, die Gaben des Geistes zu entdecken?

C Welche Hindernisse habt ihr in diesem Heft studiert? Besprecht die Hindernisse und tauscht aus, wie ihr persönlich Hindernisse dieser Art überwindet und überwunden habt.

29.5. Gruppengespräch

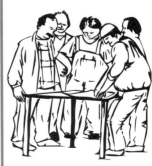

Lektion 30

VON DER GABE ZUR AUFGABE

A Du kennst nun deine Gabe/n. Freust du dich darauf? Gut! Die nächste Frage ist nun, was kannst du mit deinen Gaben machen? Was solltest du machen?

B Welche Aufgaben entsprechen deinen Gaben?

1.

2.

3.

C Welche Dienste könntest du damit in deiner Gemeinde übernehmen? Schreibe mögliche Dienste auf:

30.1. Persönliche Besinnung

Gaben – Aufgaben – Berufung

Hat man nun die Gabe erkannt, so sollte man keineswegs übereilt versuchen, die Gabe auch zu praktizieren. Jetzt sollte man sich zurüsten lassen zu dem von Gott bestimmten Dienst. Im Gespräch mit den Leitern der Gemeinde sollte man den richtigen Weg der Zurüstung erwägen.

Den Zusammenhang zwischen Gaben, Aufgaben und der Kraft Gottes haben wir uns im Teil I angesehen. Danach bestimmt unser Herr für jeden von uns seinen Platz am Leibe Christi entsprechend der Gaben, die der Geist uns vorher gegeben hat (1.Kor. 12,4-6). Diesen Platz gilt es zu finden.

Aufgabe

Mein möglicher Platz in der Gemeinde ist (formuliere deinen Eindruck):

Das Kriterium: Was dient dem Gemeindeaufbau

Schon im Prozess der Zurüstung wird Gott dich einsetzen und gebrauchen. Bleibe auch hier im Gespräch mit Geschwistern, die die gleiche Gabe erhalten haben und vielleicht einen ähnlichen Dienst bereits seit Jahren tun. Lass dich von ihnen begleiten. Mache sie zu deinen Seelsorgern. Schon oft haben Menschen die besten Gaben ganz falsch eingesetzt. Wer auf musikalische Harmonie setzt, der weiß, dass man nicht nur den richtigen Ton, sondern auch die richtige Stelle und auch die richtige Lautstärke treffen muss, damit man im Akkord der Stimmen wohltuend eingesetzt werden kann. Was hilft der beste Bass, wenn er immer der lauteste sein möchte. Ohne die leitenden Stimmen ist sein Gebrumme ungenießbar. Ganz ähnlich ist es auch mit den Geistesgaben. Sie sind gegeben „zum allgemeinen Nutzen" (1.Kor. 12,7) und so sollten sie auch eingesetzt werden. Christian A. Schwarz spricht an dieser Stelle richtigerweise vom neutestamentlichen Kriterium, dem sich jeder Gabeneinsatz in der Gemeinde unterzuordnen hat: Die Gaben müssen zum Nutzen des Gemeindeaufbaus eingesetzt werden. In 1.Kor. 14,12 heißt es: „So auch ihr: da ihr euch befleißigt der geistlichen Gaben, trachtet danach, dass ihr sie reichlich habet, auf dass ihr die Gemeinde erbaut."

Aufgabe

Durch meinen Dienst werden Menschen dann erbaut, wenn (nenne einige Beobachtungen, die dir auffallen):

A Welche Gaben haben wir in unserem Kreis entdeckt?

B Welche Aufgaben in der Gemeinde werden bereits durch uns wahrgenommen?

C Wo könnten wir neue Aufgaben übernehmen?

D Was hindert in der Gemeinde den Einsatz unserer Gaben?

E Wo können wir lernen, mit den erhaltenen Gaben richtig umzugehen?

30.3. Gruppengespräch

DER ALLES ENTSCHEIDENDE TIPP:
Betet mit- und füreinander.
Gott will durch euch seinen Leib erbauen!

Nachwort: „Mein Leben ist um so viel reicher geworden"

„Wir wollen uns in diesem Kreis mit den Gaben des Heiligen Geistes beschäftigen", leitete ich den Abend in unserem neu gegründeten Hauskreis ein.
„Ist das nicht gefährlich, Johannes", fragte mich Jens. Der hoch gewachsene junge Mann aus der überaus angesehenen Familie in unserer Gemeinde hatte sich noch nie zuvor so freimütig zu Wort gemeldet. Ihn schien das gewählte Thema zu bekümmern. „Die Pfingstler und Charismatiker reden immerfort nur über Gaben, wir hier wollen damit nichts zu tun haben", antwortete er mir, als ich seine erste Frage mit einem kategorischen Nein beantwortete. Andere meldeten sich zu Wort und schlussendlich zogen wir das Thema durch. Auch Jens blieb trotz aller Bedenken, oder vielleicht erst recht wegen seiner Bedenken dabei. Zu den ersten Stunden kam er immer ausgerüstet mit einem Packen entsprechender Bücher. Aber dann packte ihn das biblische Wort doch. Er wurde zum eifrigsten Teilnehmer.

Die Aufgabe des Hauskreises bestand darin, an Hand der Schrift zu ergründen, was denn nun die Gaben des Geistes laut der Schrift sind und wie man sie im eigenen Leben entdeckt. Der Tag als Jens zum ersten Mal die Vermutung äußerte, Gott möge ihm die Gabe der Heilung gegeben haben, öffnete ein ganz neues Kapitel in seinem Leben. Bald konnten wir alle in unserem Hauskreis sehen, dass seine Vermutung mehr war als nur ein Verdacht. Jens begann, sich mit dieser Gabe intensiv zu beschäftigen. Auch besuchte er eine Reihe von Seminaren zum Thema. Immer wieder sprach er mit der Leitung der Gemeinde über seine Entdeckungen und Erfahrungen. Auch die Gemeinde sah die großen Veränderungen im Leben des einst so schüchternen Mannes. Um ihn herum organisierte sich ein fester Kreis von Menschen, denen die Kranken zum besonderen Anliegen wurden. Und bald konnte sich jeder Kranke in der Gemeinde sicher sein, er würde nicht ohne Trost bleiben. Immer wieder kam es auch zu Heilungen, ohne dass dies von Jens oder seinen Mitarbeitern besonders herausgestellt wurde. „Es ist Gott, der heilt, wir sind nur seine Handlanger", sagte er in solchen Fällen.

Etwa zwei Jahre nach seiner Entdeckung fragte ich Jens, wie es ihm denn nun so gehe. „Bist auch du nun unter die Pfingstler und Charismatiker gegangen?" „Nein, Johannes, aber mein Leben ist unendlich reicher als es zuvor war. Heute ist es mir auch eigentlich egal, wie ein Christ sich so nennt. Die Namen machen es nicht. Aber Leben, Leben gibt es nur aus dem Geist Gottes. Und dieses Leben habe ich gefunden." Und dann begann Jens, begeistert zu berichten, was er alles gerade vor wenigen Tagen wieder einmal erfahren hatte. Seine Gabe erwähnte er dabei kaum, dafür aber hörte ich in nahezu jedem Satz den Namen seines Herrn Jesus Christus. „Erzähl mir mal von deiner Gabe, Jens", unterbrach ich seinen Redefluß. „Habe ich das nicht gerade eben?", fragte er etwas verwirrt. Er hatte es!

So wie Jens könntest auch du das triste christliche Dasein in ein Leben aus der Gemeinschaft mit Gott, dem Herrn, verwandelt bekommen. Und dieses Leben kommt aus der Kraft des Heiligen Geistes. Nichts weniger hat Jesus für uns geplant, als Er für unsere Sünden in die untersten Orte der Erde ging und die Gefangenschaft gefangen führte und den Menschen Gaben gab. Diese Gaben, seine Gaben des Lebens, waren auch für dich gemeint. Nimm sie an.

---

34 Schwarz 1988:59.

BIBLIOGRAPHIE

BUGBEE, Bruce. 1995. Auf mich kannst du bauen. Wiesbaden, Wuppertal.

------, COUSINS, Don; Hybels, Bill. D.I.E.N.S.T. Dienen im Einklang von Neigungen, Stärken und Talenten. Asslar.

CHRISTENSEN, Larry. 1976. Die Gnadengabe der Sprachen und ihre Bedeutung für die Kirche. Marburg.

FORTUNE, Don & Katie. 1994. Erkenne Gottes Gaben in dir. Solingen.

GNILKA, J. 1971. Der Epheserbrief. Herders Theologischer Kommentar zum Neuen Testament. Bd. X - Faszikel 2. Freiburg-Basel-Wien.

HAGIN, Kenneth E. 1981. Die Dienstgaben. Feldkirchen/München.

KOCH, Kurt. O.J. Die Geistesgaben. Rundbrief 107. Aglasterhausen.

KRIMMER, Heiko. 1985. Erster Korinther-Brief. Neuhausen-Stuttgart.

LAWRENCE, Roy. 1973. Wirkungen göttlicher Kraft. Heilungsberichte aus einer Gemeinde. Metzingen.

SCHWARZ, Christian A. 1988. Der Gabentest. 5. neubearbeitete und erweiterte Auflage. Mainz-Kastel.

------. 1996. Die natürliche Gemeindeentwicklung. Emmelsbüll/Kassel.

------; Schalk, Christoph. 1997. Die Praxis der natürlichen Gemeindeentwicklung. Emmelsbüll.

SMITH, Oswald. 1972. Ausrüstung mit Kraft. Neuhausen-Stuttgart.

TOASPERN, Paul. 1994. In der Schule des Heiligen Geistes, Metzingen.

WAGNER, C. Peter. 1988. Die Gaben des Geistes für den Gemeindeaufbau. Neukirchen-Vluyn.

YOHN, Rick. 1978. Gemeinde lebt von Gottes Gaben. Wuppertal.